O direito de exoneração do acionista minoritário

O direito de exoneração do acionista minoritário

A SAÍDA DA SOCIEDADE COTADA APÓS A TRANSFERÊNCIA DE CONTROLO COMO MANIFESTAÇÃO DO PRINCÍPIO DA IGUALDADE ENTRE ACIONISTAS

2014

Gustavo de Sousa Botelho

Prefácio de Ana Perestrelo de Oliveira

ALMEDINA

O DIREITO DE EXONERAÇÃO DO ACIONISTA MINORITÁRIO

AUTOR

Gustavo de Sousa Botelho

EDITOR

EDIÇÕES ALMEDINA, S.A.

Rua Fernandes Tomás, nºs 76, 78 e 80

3000-167 Coimbra

Tel.: 239 851 904 · Fax: 239 851 901

www.almedina.net · editora@almedina.net

DESIGN DE CAPA

FBA.

PRÉ-IMPRESSÃO

EDIÇÕES ALMEDINA, S.A.

IMPRESSÃO E ACABAMENTO

DPS - Digital Printing Services

Dezembro, 2014

DEPÓSITO LEGAL

386165/14

GRUPOALMEDINA

Biblioteca Nacional de Portugal – Catalogação na Publicação

BOTELHO, Gustavo de Sousa

O direito de exoneração do acionista
minoritário. – (Ideias juridicas)
ISBN 978-972-40-5849-8

CDU 347

PREFÁCIO

O Mestre Gustavo de Sousa Botelho foi meu aluno, ainda no curso de Licenciatura, na Faculdade de Direito da Universidade de Lisboa. Foi, por isso, com particular gosto que vim, alguns anos mais tarde, a aceitar a orientação da Tese de Mestrado que apresentou na Faculdade de Direito da Universidade Nova.

A obra que o Autor dá agora a conhecer ao público em geral trata de um tema importante de direito societário, ainda apenas incipientemente estudado, em parte em virtude da conceção difundida segundo a qual a saída das sociedades anónimas, salvo em casos pontuais devidamente regulados, apenas pela via geral da transmissão de ações é possível. O Autor demonstra, todavia, que em determinadas situações se justifica permitir ao acionista minoritário a saída da sociedade cotada após a transferência do controlo, defendendo essa faculdade com fundamento no princípio da igualdade, cujo alcance no direito societário analisa criticamente, tendo nomeadamente em atenção o direito da União Europeia e, em especial, a jurisprudência do Tribunal de Justiça da União. De resto, o trabalho do Autor distingue-se pela atenção dada, em geral, à incidência europeia do problema, tão frequentemente desconsiderada, em virtude, sobretudo, da limitada harmonização do direito das sociedades no espaço europeu, a qual nem por isso retira importância ao seu estudo.

Para além desta vertente, a obra caracteriza-se por trabalhar, em paralelo, com conceitos e institutos do direito clássico das sociedades e do direito dos valores mobiliários, movendo-se ainda num pano de fundo de conceitos de direito comum. É o trabalho a partir dos princípios gerais que permitiu ao Autor transitar da análise do direito legislado para a ponderação de situações não legalmente previstas, admitindo a exoneração em casos não regulados. Tal também o que torna a leitura da tese especialmente compensadora.

Lisboa, 10 de dezembro de 2014

Ana Perestrelo de Oliveira

SIGLAS E ABREVIATURAS

AAVV	Autores vários
Acórdão Audiolux	Acórdão do Tribunal de Justiça (Quarta Secção), de 15 de Outubro de 2009, "Audiolux SA e o. contra Groupe Bruxelles Lambert SA (GBL) e o. e Bertelsmann AG e o.", Proc. C-101/08
CC	Código Civil
Cfr.	Conforme
CMVM	Comissão do Mercado de Valores Mobiliários
CRP	Constituição da República Portuguesa
CSC	Código das Sociedades Comerciais
CVM	Código dos Valores Mobiliários
Diretiva 2004/25/CE	Diretiva 2004/25/CE do Parlamento Europeu e do Conselho, de 21 de abril de 2004, relativa às ofertas públicas de aquisição (Décima Terceira Diretiva)

OPA	Oferta pública de aquisição
p.	Página
pp.	Páginas
ss.	Seguintes
TJUE	Tribunal de Justiça da União Europeia
TUE	Tratado da União Europeia
UE	União Europeia
Vd.	Vide
Vol.	Volume

ABSTRACT

This study specifically addresses the situation of minority shareholders after the transfer of control in an listed company.

The various underlying interests and reasons that shareholders have for investing in a company can demonstrate shareholders' reasoning for taking radically different positions on issues relating to the transfer of control of the referred company.

This study analyses the current legal system in Portugal and in the European Union in order to assess whether, in the event of a takeover bid of a listed company where there is a transfer of control, minority shareholders have the same appraisal rights as other shareholders to sell their shares and leave the company.

The study then examines the European Court of Justice decision on whether a general principle of equal treatment of minority shareholders exists upon a transfer of control (Audiolux) and the Portuguese

Securities Market Commission decision regarding the delisting of Brisa – Autoestradas de Portugal, S.A. based on the principle of investor protection.

The study concludes that although the principle of equality amongst shareholders has made progress in the European legal system e.g. it is laid down in Directive 2004/25/EC of 21 April 2004 on takeover bids and the Portuguese Securities Market Code, there is also a need for further improvement, which can be accomplished by allowing minority shareholders to exercise an appraisal right in similar unregulated situations.

INTRODUÇÃO

No âmbito de uma sociedade, não será fora do comum encontrar diferentes interesses entre os seus acionistas. De um lado, encontraremos acionistas que pretendem assumir uma posição mais ativa na vida da sociedade, tendo como objetivo obter uma participação social que lhes permita vir a influenciar ou controlar os destinos da sociedade. Por outro lado, também se identificam acionistas cuja vontade de integrar a sociedade se baseou apenas no objetivo de efetuar um investimento financeiro.

A diferença entre os interesses e a motivação inicial subjacente à entrada na sociedade dos vários acionistas, leva a que estes possam assumir posições radicalmente diferentes sobre questões referentes à transferência do controlo ou domínio da sociedade.

Enquanto uns acionistas tendem a assumir um comportamento mais passivo, encarando a aquisição das ações numa perspetiva de investimento, esperando vir a obter rendimentos com a detenção dessas ações através de dividendos ou eventuais mais-valias, no momento em que as decidam alienar, por outro lado, encontraremos acionistas que decidiram assumir voluntariamente uma posição mais ativa na vida da sociedade (normalmente efetuando um investimento superior aos restantes acionistas com a aquisição de um montante de ações da sociedade que lhes permite influenciar ou controlar a sua gestão), ainda que um dos seus objetivos também possa ser comungado com os restantes acionistas – obter um retorno financeiro.

O presente estudo pretende analisar a questão de saber se, quando se verifique a transferência do controlo ou domínio de uma sociedade portuguesa cotada em mercado regulamentado (artigo 13.º, n.º 1, alínea *c)* do CVM[1]), o direito nacional ou o direito da União Europeia atribuem aos acionistas minoritários o direito de alienar as suas ações e sair da sociedade, em condições idênticas às de outros acionistas, que alienaram a respetiva participação e, com essa alienação, possibilitaram a transferência de controlo ou domínio da sociedade.

Para este efeito, serão formuladas no presente Capítulo algumas considerações sobre a noção de direito de exoneração e uma breve exposição sobre os interesses dos diferentes acionistas e o equilíbrio entre a governação da sociedade, sendo iniciada no Capítulo

[1] Decreto-Lei n.º 486/99, de 13 de Novembro, Aprova o novo Código dos Valores Mobiliários, publicado no *Diário da República*, n.º 265, Série I-A de 1999-11-13 (versão atualizada disponível em www.cmvm.pt).

II uma caraterização genérica da posição do acionista minoritário perante determinadas situações que possam ser suscetíveis de criar um sacrifício da posição do acionista minoritário e as suas respetivas expectativas legítimas, nomeadamente em situações em que ocorra uma transferência do controlo ou domínio da sociedade ou venha a ser requerida a sua saída do mercado.

Considera-se excluído do âmbito do presente estudo certas questões pertinentes sobre o direito de exoneração, que possam ser suscitadas em situações onde possa ocorrer uma transferência de controlo ou domínio da sociedade ou a sua saída do mercado, na sequência de uma fusão, da celebração de contrato de grupo (artigos 492.º e 493.º do CSC[2]) ou da perda da qualidade de sociedade aberta, proveniente de deliberação em assembleia geral da sociedade por uma maioria não inferior a 90 % do capital social e em assembleias dos titulares de ações especiais e de outros valores mobiliários que confiram direito à subscrição ou aquisição de ações por maioria não inferior a 90 % dos valores mobiliários em causa (artigo 27.º, n.º 1, alínea *b)* do CVM).

Prosseguir-se-á ponderando se a exoneração do acionista minoritário se afigura como um meio de defesa do acionista minoritário, analisando-se a previsão e o alcance da estatuição deste direito no regime

[2] Decreto-Lei n.º 262/86, de 2 de Setembro, que aprova o Código das Sociedades Comerciais, publicado no *Diário da República*, n.º 201, Série I de 1986-09-02 (versão atualizada disponível em www.pgdlisboa.pt).

jurídico atual no âmbito do direito nacional e do direito da União Europeia.

No Capítulo III, o estudo prossegue através da análise de dois casos relevantes no panorama jurídico europeu e nacional, que versaram sobre a igualdade de tratamento entre os acionistas após a transferência de controlo ou domínio de uma sociedade.

No plano do direito da União Europeia será referido o processo C-101/08[3] ("Audiolux") do Tribunal de Justiça da União Europeia, que tratou a questão específica da admissibilidade de um princípio geral de direito comunitário de proteção dos acionistas minoritários.

No plano nacional, atender-se-á sobre a decisão da Comissão do Mercado de Valores Mobiliários na aquisição da Brisa – Autoestradas de Portugal, S.A.[4], cuja base de fundamentação assentou no princípio de proteção dos investidores.

O Capítulo IV, tendo em conta o quadro jurídico atualmente em vigor mencionado no Capítulo II e as experiências referidas no Capítulo III, pretende verificar se determinadas situações, como por exemplo a saída do mercado ou a concentração acionista, onde

[3] Acórdão do Tribunal de Justiça (Quarta Secção), de 15 de Outubro de 2009, "Audiolux SA e o. contra Groupe Bruxelles Lambert SA (GBL) e o. e Bertelsmann AG e o.", Proc. C-101/08 (disponível em www.eur-lex.europa.eu).

[4] Deliberação da CMVM sobre Perda da qualidade de sociedade Aberta da Brisa – Autoestradas de Portugal, S.A., de 5 de abril de 2013 (disponível em www.cmvm.pt).

o quadro jurídico atual não contempla o exercício deste direito, serão suscetíveis de causar um sacrifício ao acionista minoritário e, em caso afirmativo, se esse sacrifício se apresenta legítimo.

Neste estudo, será feita referência ao tema da saída de mercado de ações, mas não será analisada a saída de mercado dos restantes valores mobiliários, sendo excluída também a análise das aquisições de ações próprias.

Concluindo-se pela existência de situações suscetíveis de originar um sacrifício ilegítimo sobre a posição do acionista minoritário, será analisado se apesar do quadro jurídico atualmente não contemplar o exercício do direito de exoneração, deve a posição do acionista minoritário merecer especial tutela através do exercício do direito de exoneração, fundamentada no princípio da igualdade.

Capítulo I
Perspetiva geral, noção e interesses dos sócios

I.1 – Conceito e caraterísticas do direito de exoneração

Não obstante o objeto deste estudo não pretender incidir sobre uma análise do conceito do direito de exoneração, deve ser feita uma exposição muito breve sobre o entendimento atual sobre a conceção deste direito, verificando-se que o conceito de direito de exoneração na doutrina sofre variações, não comungando todos os autores do mesmo entendimento sobre este direito.

Neste quadro, para alguns autores o direito de exoneração do sócio deve ser entendido na doutrina nacional como "*...a saída ou desvinculação deste, por sua iniciativa e com fundamento na lei ou no estatuto, da socie-*

dade[5]", como "*...o abandono unilateral do sócio da sociedade de que fazia parte, sem se fazer substituir, mediante contrapartida*[6]" ou ainda como "*...a perda (em sentido técnico) da participação de um sócio, deliberada pela sociedade, mediante iniciativa do sócio interessado, fundada em caso previsto na lei ou no contrato*"[7].

Em estudos mais recentes, de acordo com Daniela Farto Baptista[8] o direito de exoneração será um " *...direito individual não potestativo, inderrogável e indisponível pela maioria mas renunciável a posteriori pelo seu titular, de exercício unitário e de consagração legal ou convencional, que permite ao acionista, quando alguma vicissitude societária torna inexigível a sua permanência na organização social, abandonar voluntária e unilateralmente a sociedade anónima a que pertence e que subsiste par além da sua exoneração, através do reembolso do valor das ações por ele detidas no património social e a consequente extinção da qualidade de sócio*", enquanto que, para Tiago Soares da Fonseca[9] estaremos perante um "*...direito societário, de natureza potestativa, irrenunciável e inderrogável, dirigido à extinção da relação societária e que se manifesta, perante*

[5] Jorge Manuel Coutinho de Abreu, Curso de Direito Comercial – das Sociedades, Vol. II, 2.ª Edição, Almedina, Coimbra, 2003, p. 415.

[6] Paulo Olavo Cunha, *Direito das Sociedades Comerciais*, 5.ª Edição, Almedina, Coimbra, 2012, p. 367.

[7] Raúl Ventura, *Sociedades por Quotas – Vol. II*, 3.ª Reimpressão da Edição de 1989, Almedina, Coimbra, 2005, p. 14.

[8] Daniela Farto Baptista, *O Direito de Exoneração dos Acionistas – Das Suas Causas*, Coimbra, Coimbra, 2005, p. 84.

[9] Tiago Soares da Fonseca, *O Direito de Exoneração do Sócio no Código das Sociedades Comerciais*, Almedina, Coimbra, 2008, p. 25.

a ocorrência de determinada situação legal ou estatutariamente prevista, na emissão de uma declaração receptícia de exoneração, e se efectiva plenamente com o reembolso do valor da participação social".

Tendo em consideração as definições acima enunciadas, descortinam-se vários elementos comuns a todas as propostas, entre os quais o entendimento de que este direito é inerente à qualidade de sócio, não depende do volume da respetiva participação detida e que se trata de um ato voluntário do sócio, ou seja, a exoneração não pode ocorrer sem uma manifestação de vontade expressa nesse sentido do sócio que se exonera.

Considerando a impossibilidade de separação do direito de exoneração da respetiva participação social e tratando-se de um direito que não pode ser afastado pela maioria ou, ainda, por unanimidade, por ser um direito tutelado através de normas injuntivas por motivos de ordem pública, também será possível identificar como elementos caraterizadores do direito de exoneração as caraterísticas da intransmissibilidade e da inderrogabilidade deste direito[10].

Finalmente, verifica-se ser igualmente consensual a unilateralidade deste direito, na medida em que o seu exercício apenas pertence ao sócio que se exonera, não se encontrando dependente da vontade de terceiros, não obstante poder ter de preencher determi-

[10] Cfr. Daniela Farto Baptista, cit., p. 132 e ss. e Tiago Soares da Fonseca, cit., p. 33.

nados requisitos[11]. Também se revela consensual que o exercício do direito de exoneração não extingue a sociedade, mas implica a perda da posição social pelo acionista exonerado, mediante o reembolso do valor da participação social, que deve estar inteiramente liberada[12].

No entanto, existem duas caraterísticas onde não se verifica existir uma posição consensual na doutrina.

Quanto à primeira caraterística, a questão reside em saber se o direito de exoneração implica necessariamente o seu exercício unitário ou, pelo contrário, se um acionista se pode exonerar parcialmente.

De acordo com o entendimento de Daniela Farto Baptista[13], que considera não ser "*...concebível que o acionista vote a favor de determinado acordo com uma parcela das suas acções e, simultaneamente, declare a sua exoneração da sociedade com a parcela remanescente*", o direito de exoneração "*...cumpre o objectivo primordial de permitir ao acionista o abandono unilateral da sociedade...*" devendo o seu exercício ser unitário e englobar a totalidade das ações de quem se pretende exonerar.

[11] Ambos neste sentido, Daniela Farto Baptista, cit., p. 85 e ss. e Tiago Soares da Fonseca, cit., p. 34.

[12] No sentido que o regime do artigo 240.º, n.º 2 do CSC deve ser aplicado a todo o tipo de sociedades vd. Daniela Farto Baptista, cit., p. 140 e ss.; Tiago Soares da Fonseca, cit., p. 34 e ss.; admitindo a compensação legal como alternativa ao regime legal referido vd. João Cura Mariano, *Direito de Exoneração dos Sócios nas Sociedades por Quotas*, Almedina, Coimbra, 2005, p. 91.

[13] Daniela Farto Baptista, cit., p. 143 e ss.

Encontramos uma posição contrária em Tiago Soares da Fonseca[14] que, não obstante admitir que o artigo 240.º, n.º 2 do CSC oferece suporte legal suficiente para que se admita que o exercício do direito de exoneração deva ser integral nas sociedades por quotas, discorda da aplicação desta regra aos restantes tipos societários, nomeadamente, às sociedades anónimas.

Enquadrando a participação social como a concretização de um desejo de investimento e o direito de exoneração numa perspetiva de redução desse mesmo investimento, entende este autor que "*...não existem razões para que perante a ocorrência de uma causa de exoneração, o sócio fique obrigado a sair com a totalidade da sua participação social, numa lógica de "tudo ou nada"...*".

Adicionalmente, avança que o reconhecimento da exoneração parcial serve os interesses do sócio que se exonera porque lhe permite reduzir a participação, serve os interesses da sociedade uma vez que a obrigação de reembolso não seria total e ainda permite beneficiar os credores da sociedade e o capital da sociedade na medida em que a redução do capital social será conseguida num montante menor ao montante que seria necessário em caso de reembolso. Por fim, também entende que não existe qualquer contradição entre a abstenção, voto contra ou voto em branco numa deliberação social que constitua fundamento de exoneração e a exoneração parcial, uma

[14] Tiago Soares da Fonseca, cit., p. 37 e ss.

vez que o sócio se limita "*...a concluir que os efeitos da aprovação da deliberação social apenas justificam uma diminuição do investimento efectuado.*".

Sobre esta questão em particular, entendo como preferível enquadrar o direito de exoneração como um direito de exercício unitário.

Quanto ao fundamento legal, é necessário ter em conta que a exoneração não se encontra prevista no CSC para as sociedades anónimas, porque o legislador entendeu que a saída livre do acionista estaria assegurada pelo regime de circulação de ações[15]. Considerando este aspeto, não será irrelevante considerar que o legislador entendeu que o direito de exoneração deve ser de exercício unitário, tendo em conta sobretudo a unidade do sistema jurídico e a norma aplicável aos casos análogos, considerando as razões justificativas da regulamentação do caso previsto na lei (artigos 9.º, n.º 1 e 10.º, n.º 1 e 2 ambos do CC[16] *ex vi* artigo 2.º do CSC).

No entanto, apesar do legislador ter entendido referir, expressamente, no artigo 240.º, n.º 2 do CSC que a exoneração só pode ter lugar se estiverem inteiramente liberadas "*todas as quotas do sócio*", parece-me de equação duvidosa a admissibilidade de uma exo-

[15] Pedro Pais de Vasconcelos, *Concertação de acionistas, exoneração e OPA obrigatória em sociedades abertas*, *in* Direito das Sociedades em Revista – Ano 2, Vol. 3, Almedina, Coimbra, Março 2010, p. 28.

[16] Decreto-Lei n.º 47344, de 25 de Novembro de 1966, publicado no *Diário da República*, n.º 274, Série I de 1966-11-25 (versão atualizada disponível em www.pgdlisboa.pt).

neração parcial em determinadas situações, como por exemplo, quando:

- o erro, o dolo, a coação e a usura puderem ser invocados como justa causa de exoneração pelo sócio atingido ou prejudicado (artigo 45.º, n.º 1 do CSC);
- o sócio tenha votado contra o projeto de fusão ou tenha votado contra a deliberação de transformação (artigos 105.º, n.º 1 e 5 e 137.º, ambos do CSC);
- o sócio cuja participação fique relevantemente reduzida em relação à que, no conjunto, anteriormente detinha se pretenda exonerar (artigo 161.º, n.º 5 do CSC);
- não estiver fixada no contrato a duração da sociedade ou se esta tiver sido constituída por toda a vida de um sócio ou por período superior a 30 anos, desde que aquele que se exonerar seja sócio há, pelo menos, dez anos ou, ainda, se existir justa causa (artigo 185.º do CSC).

Apesar de admitir que a participação social adquirida numa sociedade também deva ser encarada como um investimento, na minha interpretação, as situações acima descritas encontram-se elaboradas de modo a conferir uma proteção adicional a sócios que se encontrem perante um tipo de situações que o legislador considerou suscetíveis de serem suficientementе lesivas da sua posição social, traduzindo-se essa proteção ao sócio prejudicado na possibilidade de fazer cessar unilateralmente a sua permanência na sociedade, garantindo o reembolso do valor da sua participação social.

Esta saída não se encontra justificada através de uma permissão, concedida pelo legislador, para que o sócio possa ajustar o seu investimento, mas antes porque o sistema jurídico considera legítimo que um sócio possa salvaguardar o investimento que efetuou e sair dessa sociedade, quando se encontre perante situações que apresentem uma suscetibilidade elevada de se revelarem lesivas para a sua posição social e que tornam inexigível a sua permanência na sociedade, apresentando-se como legítima a saída unilateral da sociedade nessas condições, conforme se encontra exemplificado nos casos acima enunciados do CSC.

Ressalve-se ainda que poderá ser argumentado que a permissão normativa específica de exoneração concedida nestes casos ao sócio não lhe visa atribuir o gozo de uma posição jurídica que lhe permita reconhecer uma lesão nos seus direitos sociais, por um lado, e efetuar uma decisão de investimento na sociedade, por outro – sendo que, no caso em que o sócio fique com uma participação relevantemente reduzida em relação à que, no conjunto, anteriormente detinha, poderá argumentar-se que se extinguirá o seu interesse nessa exoneração parcial.

Se o sócio se encontra conformado com uma situação que constitui causa de exoneração e pretende continuar na sociedade, entendo existirem sérias dúvidas quanto à admissibilidade pelo sistema jurídico de um comportamento contraditório que colide, nomeadamente, com o princípio da materialidade subjacente na medida em que deixará de se verificar uma conformidade material de condutas no exercício de posições jurídicas.

Tomando como exemplo uma situação em que ocorra dolo, coação ou usura, creio que o alcance da norma do artigo 45.º, n.º 1 do CSC será permitir a saída integral da sociedade e não apenas a redução da sua participação social, fazendo com que a sociedade adquira ou faça adquirir a sua participação social.

Admitir-se a possibilidade de um sócio poder invocar uma causa de exoneração para forçar a sociedade a reembolsar-lhe parte da sua participação social, enquanto permanece na sociedade, para quem neste caso ainda vislumbre um direito, abre possivelmente caminho a que se qualifique este comportamento como um abuso de direito – *venire contra factum proprium nulli concidetur* (artigo 334.º do CC), na medida em que existe um comportamento contraditório que entendo dever ser reprovado social e moralmente em virtude de "*...independentemente de ter sido acionada qualquer previsão normativa comum de tipo contratual, o agente ficar adstrito a não contradizer o que primeiro fez e disse.*"[17]. Também se poderá argumentar que talvez mais do

[17] António Menezes Cordeiro, *Tratado de Direito Civil Português – I Parte Geral,* Tomo I, 2.ª Edição, Almedina, Coimbra, 2000, pp. 239 e 250-251.

que o abuso de direito, não exista sequer um direito nesta situação, uma vez que o conceito de exoneração e o seu fundamento acabam por se opor. Se existe uma inexigibilidade de permanência na sociedade, tal será aplicável à respectiva permanência *in totum* ou em parte.

Face ao exposto, numa situação em que o sócio pretenda continuar na sociedade, mas reduzindo a sua participação social e sendo reembolsado pelo respetivo valor correspondente à participação alienada, não obstante se verificar uma causa justificativa de exoneração, essa operação não deve ser efetuada através da figura da exoneração, mas através da figura da transmissão voluntária dessa parte da sua participação social a quem esteja interessado (sociedade ou terceiros), encontrando-se essa redução da participação social em princípio assegurada pelo regime de circulação de ações.

Desta forma, por maioria de razão, também se encontrarão acautelados o interesse da sociedade, a manutenção do capital social e o interesse dos credores.

Relativamente à segunda caraterística, a questão reside em saber se o direito de exoneração configura um direito potestativo não sendo a doutrina unânime sobre esta questão.

De um lado, entendendo o direito de exoneração como um direito potestativo, o argumento reside na situação de sujeição em que a sociedade destinatária se encontra após receber a declaração de exoneração do sócio, ficando pois adstrita a amortizar, adquirir ou fazer adquirir a participação[18].

Por outro lado, o fundamento de quem entende que o direito de exoneração não deve ser configurado como um direito potestativo assenta no entendimento de que não se verifica uma situação de sujeição da sociedade, seja porque a sociedade pode amortizar, adquirir ou fazer adquirir a referida participação[19], porque a sociedade também pode revogar o acordo que serve de fundamento ao direito de exoneração, impedindo a produção para o futuro do seu exercício ou evitando os seus efeitos, se o direito de exoneração tiver sido exercido e, ainda, porque a perda da qualidade de sócio só se verificará quando for efetuado o reembolso da respetiva participação[20].

Sobre este ponto controverso, entende-se que o direito em questão é potestativo, uma vez que o exercício deste direito implica o poder de alterar, de forma unilateral e através de uma manifestação de vontade, a ordem jurídica[21].

No que diz respeito à questão do momento da perda da qualidade de sócio, não se contesta que o

[18] José Amadeu Ferreira, *Amortização de quota e exoneração de sócio, Reflexões acerca das suas relações*, FDL, Lisboa, 1991, pp. 23-26; Raúl Ventura, cit., p. 10; Tiago Soares da Fonseca, cit., p. 27 e ss.

[19] João Cura Mariano, cit., p. 27-28 e Daniela Farto Baptista, cit., p. 151.

[20] Daniela Farto Baptista, cit., p. 151 e ss.

[21] António Menezes Cordeiro, cit., p. 171.

momento em que a perda dessa qualidade ocorre é o momento em que o reembolso é efetuado[22].

No entanto, concorda-se com Tiago Soares da Fonseca[23] quando refere que, ao declarar a vontade de se exonerar, o sócio provoca na esfera jurídica da sociedade a constituição de uma situação que se destina à extinção da relação societária existente, sendo o reembolso dessa participação social uma consequência do exercício desse direito.

A revogação da causa justificativa do direito de exoneração não é incompatível com a natureza potestativa do direito de exoneração, uma vez que a sociedade, não obstante ter adotado "*...um comportamento paralelo que conduziu à extinção superveniente do facto justificador e, nessa medida, com reflexos no direito potestativo*", permaneceu numa situação de sujeição, não sendo "*...o reconhecimento de um direito potestativo não é incompatível com a existência de um outro direito potestativo cujo exercício impeça os efeitos do primeiro*".

Acrescente-se ainda que o argumento da revogação da causa justificativa do direito de exoneração não pode ser aplicado a todas situações de exoneração do sócio como, por exemplo, as previstas no artigo 45.º, n.º 1 do CSC onde o erro, o dolo, a coação e a usura

[22] A propósito das sociedades por quotas vd. Raúl Ventura, cit., p. 33.

[23] Tiago Soares da Fonseca, cit., p. 29-30. Sobre o reconhecimento de um direito potestativo não ser incompatível com a existência de um outro direito potestativo cujo exercício impeça os efeitos do primeiro o Autor oferece os exemplos previstos nos artigos 248.º e 1550.º, n.º 1, ambos do CC.

podem ser invocados como justa causa de exoneração pelo sócio atingido ou prejudicado.

I.2 – O conflito de interesses entre os diferentes acionistas

No âmbito de uma estrutura acionista, pode verificar-se a existência de interesses opostos ou não totalmente coincidentes entre a respetiva moldura acionista.

Apesar de dever ser sempre procurado um equilíbrio entre a governação da sociedade, que se encontrará entregue ao(s) acionista(s) maioritário(s), e a tutela dos interesses dos acionistas minoritários, que devem ver reconhecido o direito de, em determinadas circunstâncias e verificados certos pressupostos, terem capacidade para intervir ativamente na vida societária, não sendo condenados a uma posição de mera passividade[24], tal não significa que não se verifiquem interesses diversos entre os acionistas.

Na verdade, na mesma estrutura acionista, enquanto alguns acionistas pretendem assumir uma posição mais ativa na vida da sociedade, influenciando ou controlando os destinos da sociedade, outros acionistas entram neste tipo de sociedade apenas com o objetivo de efetuar um investimento financeiro.

[24] Paulo Olavo Cunha, cit., p. 274.

E, na mesma estrutura acionista, grupos de acionistas diferentes podem ter conceções radicalmente diferentes sobre a questão de saber se o controlo ou domínio da sociedade deve ser transferido ou não, sendo que, todos estes acionistas são titulares de ações da mesma classe e todos possuem o mesmo direito de vender as suas ações e, portanto, influenciar a decisão sobre o respetivo controlo ou domínio.

Portanto, de um lado, existem acionistas cujo comportamento tenderá a ser mais passivo e que apenas pretendem encarar a aquisição de participações sociais da sociedade numa perspetiva de investimento, esperando vir a obter rendimentos com a detenção dessas ações através de dividendos ou eventuais mais-valias, no momento em que as decidirem alienar.

De acordo com esta estratégia de investimento, encontrando-se as ações admitidas à negociação numa sociedade aberta, os acionistas minoritários e também investidores dessa sociedade geralmente criam a expectativa de poder vir a alienar, sem dificuldades e a qualquer momento, os valores de que são titulares, assumindo que existe um nível elevado de estabilidade sobre as condições de negociabilidade destes valores mobiliários.

Neste quadro, considerando a sensibilidade que o mercado bolsista demonstra relativamente a alterações na vida das sociedades cotadas através de oscilações dos títulos admitidos à negociação, compreende-se que as decisões que acarretem uma modificação relevante na detenção do controlo ou domínio da sociedade ou que determinem a exclusão de cotação das ações dessa sociedade sejam suscetíveis de afetar a posição jurídica dos acionistas da sociedade.

No outro lado, teremos acionistas que decidiram voluntariamente assumir uma posição mais ativa na vida da sociedade e que efetuaram um investimento superior aos restantes acionistas ao adquirirem um montante de ações da sociedade que lhes permite influenciar ou controlar a sua gestão – ainda que o seu objetivo primário também possa ser comungado com os restantes acionistas, no sentido de obterem um retorno financeiro.

Conforme será mais desenvolvido adiante, a verificação de uma concentração acionista ou a exclusão de cotação das ações da sociedade implicará a diminuição ou a ausência da procura dos títulos da sociedade, inevitavelmente reduzindo a liquidez do investimento do acionista que permaneça na sociedade.

Ainda que este tipo de decisões em determinados casos sejam consideradas juridicamente legítimas, criam sempre um problema de liquidez e, no caso de saída do mercado, de menor proteção informativa das participações sociais dos seus acionistas.

No entanto, a redução de liquidez será, na maior parte das situações, a principal motivação do conflito de interesses entre os diferentes acionistas.

De um lado, o interesse dos acionistas minoritários que pretendem a preservação do seu investimento e, do outro, o interesse dos acionistas detentores do controlo ou domínio da sociedade ao pretenderem adotar medidas que acreditam serem suscetíveis de rentabilizar o seu investimento, ainda que tais medidas possam traduzir uma perda parcial ou total do investimento dos restantes acionistas.

Por fim, também deve ser referido que, mesmo quando os acionistas tenham entrado na sociedade com uma perspetiva de puro investimento económico, nem sempre a alienação da participação social revela uma satisfação do acionista alienante com o preço oferecido. Na verdade, em novembro de 2002, o Winter Group (no relatório usualmente referido como Relatório Winter II) já manifestava preocupação com a possibilidade de certos acionistas admitirem vender as suas ações, quando estejam insatisfeitos ou simplesmente não confiem na gestão da sociedade, ao invés de tentarem alterar esta situação dentro da sociedade, entendendo que, esta "*apatia racional*"[25], poderia ser muito desvantajosa se fosse adotada como atitude geral entre os acionistas.

[25] High Level Group of Company Law Experts, *Final Report on a Modern Regulatory Framework for Company Law in Europe*, 2002, pp. 7 e 48 (disponível em www.ecgi.org).

Capítulo II
Sobre o direito de saída do acionista minoritário

II.1 – Enquadramento geral

No âmbito de uma estrutura acionista, podemos descortinar vários interesses em jogo e, apesar de todos estes interesses terem a sociedade como denominador comum, nem sempre se encontrarão alinhados em direção ao mesmo fim.

Cumpre, portanto, iniciar este estudo pela caraterização de alguns dos possíveis interesses em jogo entre os acionistas de uma sociedade.

Nesta caraterização, dar-se-á maior atenção à posição do acionista minoritário face a situações que, aparentemente, revelam maior suscetibilidade de afetar a posição jurídica ativa deste tipo de acionistas. Entre as situações suscetíveis de limitar a posição dos acionistas minoritários, como se verá melhor adiante, é possível enumerar as situações que impliquem uma modificação relevante na estrutura acionista ou uma alteração significativa na forma de transmissão das ações.

Face a esta nova posição que os acionistas minoritários irão encontrar na sociedade, fruto da alteração provocada por este tipo de situações, cabe verificar que previsões normativas específicas podem aproveitar os acionistas minoritários, no âmbito do direito nacional e no direito da União Europeia.

II.2 – Caracterização da posição do acionista minoritário

Considerando o *supra* exposto relativamente ao âmbito do presente estudo[26], antes de efetuar a análise do sistema jurídico atual, cabe efetuar uma caraterização de algumas situações com que os acionistas minoritários se podem deparar, na sequência de uma OPA, suscetíveis de traduzir uma limitação no conjunto de direitos ou de frustrar expectativas dos acionistas que se considerem juridicamente legítimas.

[26] Conforme mencionado anteriormente, o presente estudo não incide sobre as questões relativas ao dever de lançamento de uma oferta pública de aquisição nem sobre as transferências de controlo decorrentes de fusão, celebração de contrato de grupo ou perda da qualidade de sociedade aberta, proveniente de situações contempladas pelo artigo 27.º, n.º 1, alínea *b)* do CVM.

Tendo em conta que, face à dispersão do capital em bolsa, nem sempre será necessário deter mais de metade do capital social para exercer o controlo ou domínio sobre a sociedade[27], nomeadamente, por meio de acordos parassociais (artigo 19.º do CVM) ou por via indireta (artigo 20.º do CVM), entende-se por acionista minoritário aquele acionista cuja participação social não lhe permite exercer ou influenciar, direta ou indiretamente, o controlo ou domínio sobre determinada sociedade.

Entre este tipo de situações, entende-se ser de realçar as situações onde possa ocorrer uma transferência de controlo ou domínio da sociedade ou situações em que o órgão de gestão da sociedade determine a sua saída do mercado, como a perda da qualidade de sociedade ou a aquisição potestativa tendente ao domínio total que implicam a exclusão de cotação.

II.2.a – A situação de transferência do controlo da sociedade

Serão vários os cenários que podem ser apresentados aos restantes acionistas, quando um acionista (oferente) decide lançar uma OPA (artigo 173.º, n.º 1 do CVM), ou seja obrigado a lançar OPA, sobre a totalidade das ações e de outros valores mobiliários emitidos por essa mesma sociedade e que confiram

[27] Joseph Lee, *Four Models of Minority Shareholder Protection in Takeovers*, *in* European Business Law Review, Wolters Kluwer, 2005, Vol. 16, Issue 4, pp. 807–808; Pedro Pais de Vasconcelos, cit., p. 17.

direito à sua subscrição ou aquisição (artigo 187.º, n.º 1 do CVM).

Perante a OPA geral, usualmente, muitos dos acionistas que investiram na aquisição de ações da sociedade visada, com a perspetiva de apenas realizar um investimento financeiro, decidem alienar as suas ações.

Tal situação ocorre em virtude de, neste tipo de operações e de forma a aumentar a probabilidade de sucesso na operação, o oferente se comprometer a adquirir as ações a todos os restantes acionistas por um valor superior ao que está a ser praticado no mercado, geralmente designado de "prémio de controlo"[28]. No caso da oferta pública ser obrigatória a contrapartida, no mínimo, terá de respeitar as regras estabelecidas no artigo 188.º do CVM.

A lógica deste processo transmissivo consiste no seguinte: ao venderem a sua participação ao oferente, possibilitando-lhe a aquisição do controlo ou domínio da sociedade, os acionistas são por este premiados com a oferta de um valor superior ao praticado no mercado, evitando simultaneamente a descida previsível da cotação das ações e a sujeição à nova gestão daquela sociedade.

[28] Sobre a questão da repartição do prémio de controlo, Hugo Moredo Santos, *Transparência, OPA Obrigatória e Imputação de Direitos de Voto*, Coimbra Editora, Coimbra, 2011, pp. 199-206; Georgios Psaroudakis, *The Mandatory Bid and Company Law in Europe*, *in* European Company & Financial Law Review, De Gruyter, 2010, Vol. 7, Issue 4, pp. 555-558.

Para além de situações onde os acionistas aceitam o preço do oferente e alienam a respetiva participação na sociedade, também existem casos em que, apesar de ser oferecido aos acionistas um preço superior ao que está ser praticado no mercado, durante a pendência da OPA, decidem não vender a sua participação na sociedade, sendo estes os casos que interessam para o estudo em questão.

Esta situação pode ocorrer, na maioria das situações, pela convicção no insucesso da OPA, seja pelo mérito do projeto desenvolvido pela atual administração da sociedade ou por entenderem que o valor da contrapartida não é suficientemente elevado ou, ainda, porque acreditam no sucesso da operação em curso e se identificam com o projeto do oferente.

No entanto, ao não alienarem a sua participação, os acionistas assumem a sua permanência na sociedade, independentemente do resultado da OPA. Considerando que o resultado da OPA não é evidente à partida, ao permanecer na sociedade o acionista minoritário também assume riscos, uma vez que pode ver frustradas as expetativas que tinha relativamente ao insucesso da OPA ou quanto ao mérito do projeto para a sociedade, apresentado pelo oferente.

De notar que, ainda que o acionista decida permanecer na sociedade, não é indiferente estar perante uma oferta pública voluntária ou obrigatória, uma vez que na OPA obrigatória já se verificou a transferência do controlo da sociedade. Aliás, é por já se ter verificado a transferência de controlo ou domínio da sociedade que a lei permite aos acionistas minoritários, posteriormente à transferência do controlo ou domínio, decidir se querem alienar a sua participação ao acionista obrigatoriamente constituído no dever de lançar uma OPA[29].

Ao decidir permanecer na sociedade, o acionista minoritário corre o risco de não conseguir preservar o investimento efetuado ou, no limite, de ficar "preso" na sociedade.

Ocorrendo o lançamento da OPA e o previsível aumento significativo da participação do oferente na sociedade, o mercado assiste a uma redução significativa do número de ações negociáveis daquela sociedade. Esta situação traduz uma diminuição de liquidez das ações, em virtude da aquisição motivada pelo acionista maioritário e de poderem não existir mais interessados na aquisição de ações de uma sociedade cujo controlo ou domínio foi adquirido[30].

Com a diminuição do nível de liquidez das ações, consequentemente, existe uma degradação significativa do valor do investimento dos acionistas minoritários, uma vez que estes acionistas podem ter de aceitar vender a sua participação por um valor inferior ao seu investimento inicial. No entanto, também não é de excluir a hipótese em que não existam interessados na aquisição de ações da referida sociedade,

[29] Paulo Câmara, *Manual de Direito dos Valores Mobiliários*, 2.ª Edição, Almedina, Coimbra, 2011, p. 618.

[30] Hugo Moredo Santos, *Transparência...*, pp. 208-209.

encontrando-se neste quadro o acionista minoritário efetivamente "preso" na sociedade.

Esta preocupação não é recente, tendo já sido manifestada pelo Winter Group[31] (no relatório usualmente referido como Relatório Winter I) quando refere que "*nas situações onde o mercado se tenha tornado ilíquido, como resultado de uma OPA, os acionistas minoritários não conseguem obter uma compensação adequada simplesmente através da venda das suas ações no mercado*".

Portanto, numa situação de transferência do controlo ou domínio da sociedade, a posição do acionista minoritário que entendeu permanecer na sociedade pode apresentar o risco de degradação significativa do valor do seu investimento (ex. venda com perdas) ou, no pior cenário, de "prisão" na sociedade por não conseguir alienar a respetiva participação, em virtude da falta de investidores interessados em investir numa sociedade controlada[32].

[31] High Level Group of Company Law Experts, *Issues Related To Takeover Bids*, 2002, p. 62 (Texto não se encontra disponível em português, tendo este excerto sido traduzido livremente: "*in situations where the market has become illiquid as a result of the takeover bid, minority shareholders cannot obtain appropriate compensation by simply selling their shares in the market*").

[32] O High Level Group of Company Law Experts, *Final Report...*, p. 99, a propósito dos grupos de sociedades em pirâmide, já recomendava que a UE exigisse às autoridades dos Estados-Membros, responsáveis pela admissão de sociedades à negociação em mercados regulamentados, que não admitissem este tipo de sociedades abertas, cujo único ou principal ativo, fosse a sua participação no capital da outra sociedade cotada, por entender que a posição dos acionistas minori-

II.2.b – A decisão da sociedade de sair do mercado

A decisão da sociedade de sair do mercado quando esteja cotada em mercado regulamentado pode originar prejuízos para os seus acionistas minoritários. Recordando o exposto *supra*, esta decisão revela-se sensível em virtude da suscetibilidade de afetar os direitos de todos os seus acionistas.

Entre os acionistas da sociedade, os detentores das posições minoritárias remanescentes revelam maior suscetibilidade de lesão perante esta decisão, tendo em conta que a liquidez dos seus títulos é substancialmente reduzida com a concretização da decisão de saída mercado.

Com efeito, verificando-se uma redução da liquidez, aumenta a dificuldade de surgirem interessados na posição dos acionistas minoritários na sociedade, podendo estes ficar perante duas alternativas apenas: alienar os títulos que detêm com prejuízo ou simplesmente não os alienar (com eventual perda total).

Cabe ter em atenção que, na perspetiva do acionista dominante, a saída da sociedade do mercado pode ser

tários nesse tipo de sociedades era frágil, devido à eventual falta de transparência e incontestabilidade do controlo exercido pelo órgão de gestão, exceto se fosse demonstrado o forte valor económico dessa admissão. Nas estruturas em pirâmide já existentes e que incluíssem este tipo de sociedades, também se recomendava a exclusão da cotação da sociedade controlada e a troca com os acionistas minoritários de ações representativas no capital da sociedade dominante pelas ações detidas na sociedade dominada.

útil se a sociedade já não recorre ao mercado como fonte de financiamento, se os custos suportados com a prestação de deveres de informação (ex. encargos com relatórios de auditoria e comissões de bolsa) não compensam os benefícios de ter o capital aberto ao investimento do público ou se não pretende colocar as suas ações à venda em mercado.

Contudo, se as ações deixam de estar negociadas em mercado regulamentado, a proteção conferida ao acionista minoritário diminui, seja porque se alteram as condições de alienação da participação, conforme *supra* mencionado, ou porque diminui a informação transmitida pela sociedade. Relativamente à informação disponível, a decisão de saída do mercado implica a cessação do cumprimento do dever de publicação integral de documentos de prestação de contas (artigos 245.º e 246.º do CVM e artigo 10.º do Regulamento da CMVM n.º 5/2008), do dever de auditoria às contas anuais e semestrais através de auditor registado na CMVM (artigo 8.º do CVM) e do dever de divulgação de informação privilegiada (artigo 248.º do CVM). E a cessação do cumprimento destes deveres mantém-se mesmo que a sociedade conserve a sua qualidade de sociedade aberta[33].

Na perspetiva do acionista minoritário, uma consequência direta da redução de informação disponível sobre a sociedade é também a redução do seu poder de fiscalizar o desempenho da sociedade e do órgão

[33] Paulo Câmara, cit., pp. 732 e 736.

de gestão. Acresce a esta redução que, a cessação do cumprimento destes deveres de informação, implica o aumento da suscetibilidade de abuso pelo acionista maioritário, considerando que que este vê desaparecer em medidas de escrutínio a que anteriormente estava sujeito, passando a usufruir de menor controlo ou domínio sobre a sua gestão.

A decisão da sociedade de sair do mercado, sendo voluntária, pode manifestar-se de duas formas: solicitando a exclusão da negociação das ações ou requerendo a perda da qualidade de sociedade aberta.

Conforme refere Paulo Câmara[34], a "*...exclusão (delisting) consiste na cessação definitiva da negociação de valores mobiliários em mercado*".

Nos termos do artigo 213.º, n.º 1 do CVM, a exclusão pode ser requerida pela entidade gestora de mercado regulamentado a menos que tal medida seja suscetível de causar prejuízos significativos aos interesses dos investidores e ao funcionamento regular do mercado ou ordenada pela CMVM, quando a situação do emitente implique que a negociação seja prejudicial para os interesses dos investidores ou perante a violação de leis ou regulamentos aplicáveis (artigo 214.º, n.º 1 do CVM). Também se admite a exclusão da negociação das ações se posteriormente se verificar o não cumprimento de um requisito essencial para a admissão à negociação (artigo 235.º, n.º 1 do CVM).

[34] Paulo Câmara, cit., p. 735.

No entanto, em virtude do CVM não prever expressamente a solicitação da exclusão pela sociedade emitente, parece decorrer das disposições do CVM não ser admitida a exclusão voluntária da negociação das ações pela sociedade, mas somente por iniciativa da entidade gestora ou decisão da CMVM, entendendo Paulo Câmara[35] que "*...uma conclusão importante a que somos conduzidos nesta matéria prende-se com o facto de a lei vedar uma exclusão voluntária de mercado regulamentado*".

A exceção a esta regra encontra-se no artigo 4.º, n.º 1 do Regulamento da CMVM n.º 17/2000 que refere que a exclusão de quaisquer valores mobiliários da negociação, no Mercado sem Cotações, pode ser decidida pela entidade gestora se o emitente o requerer fundamentadamente e daí não advierem prejuízos relevantes para os investidores.

Contudo, importa reter que se tiver decorrido um ano sobre a exclusão da negociação das ações em mercado regulamentado, a sociedade pode requerer a perda da qualidade de sociedade aberta fundada na falta de dispersão pelo público (artigo 27.º, n.º 1, alínea *c)* do CVM). Perante uma concentração acionista excessiva, e tendo em conta que a dispersão pelo público é uma condição de admissão no mercado, a sua falta acarreta a exclusão do mercado (artigos 27.º, 207.º e 228.º do CVM)[36], não se encontrando estabele-

[35] Paulo Câmara, cit., p.737.

[36] Pedro Pais de Vasconcelos, cit., p. 20.

cido um mecanismo de saída para os acionistas minoritários quando esta situação ocorre.

Apesar da conjugação dos artigos 13.º, n.º 1, alínea *d)* e 229.º, n.º 2, ambos do CVM, indicarem que o limite relevante de dispersão pelo público deve ser superior a 10%[37], esse limite pode não ser suficiente para assegurar o normal funcionamento do mercado e permitir que o acionista consiga alienar as suas ações. Se as ações forem excluídas da negociação, o fenómeno de "prisão" na sociedade pode verificar-se tendo em consideração que, aliado à falta de liquidez do mercado, também se alteram significativamente as condições de negociação, sem prejuízo de, após ter decorrido o prazo de um ano, a sociedade poder vir requerer a perda da qualidade de sociedade aberta.

De modo inverso, esta figura também é relevante se levarmos em consideração que uma sociedade em mercado regulamentado pode alcançar a exclusão de cotação requerendo declaração da CMVM sobre a perda da qualidade de sociedade aberta, o que implica a imediata exclusão da negociação em mercado regulamentado das ações da sociedade e dos valores mobiliários que dão direito à sua subscrição ou aquisição, e ficando vedada a readmissão no prazo de um ano (artigo 29.º, n.º 2 do CVM) ou ainda mediante a aquisição tendente ao domínio total que também implicará, em termos imediatos, a perda da qualidade de socie-

[37] Conceição Aguiar, *Sobre a Perda da Qualidade de Sociedade Aberta, in* Cadernos do Mercado de Valores Mobiliários, CMVM, N.º 30, Agosto 2008, p. 87.

dade aberta da sociedade e a exclusão da negociação em mercado regulamentado das ações da sociedade e dos valores mobiliários que a elas dão direito, ficando vedada a readmissão durante um ano (artigo 195.º, n.º 4 do CVM).

Se um acionista passar a deter, em consequência de OPA, mais de 90 % dos direitos de voto, calculados nos termos do artigo 20.º, n.º 1 do CVM, poderá requerer à CMVM a perda da qualidade de sociedade aberta (artigo 27.º, n.º 1, alínea *a)* do CVM).

Se o oferente, na sequência do lançamento de OPA geral em que seja visada sociedade aberta que tenha como lei pessoal a lei portuguesa, atingir ou ultrapassar, diretamente ou nos termos do artigo 20.º, n.º 1 do CVM, 90 % dos direitos de voto correspondentes ao capital social até ao apuramento dos resultados da oferta e 90 % dos direitos de voto abrangidos pela oferta pode, nos três meses subsequentes, adquirir as ações remanescentes mediante contrapartida justa, em dinheiro, calculada nos termos do artigo 188.º do CVM (artigo 194.º, n.º 1 do CVM).

De notar que, contrariamente ao regime do artigo 27.º, n.º 1, alínea *a)*, na aquisição do domínio total, a oferta terá de ter sido dirigida à generalidade dos acionistas da sociedade visada, sendo este o elemento legitimador da aquisição potestativa implicar a perda da qualidade de sociedade aberta da sociedade e a exclusão da negociação em mercado regulamentado das ações da sociedade e dos valores mobiliários que a elas dão direito.

Portanto, preenchidos os requisitos acima referidos, quando ocorra a transferência do controlo ou domínio da sociedade, o acionista dominante pode requerer a perda da qualidade de sociedade aberta, adquirir potestativamente as ações pertencentes aos acionistas que permaneceram na sociedade mediante contrapartida justa (se oferta tiver sido geral) ou manter a sociedade no mercado.

Contudo, no que aos acionistas minoritários diz respeito, verifica-se que:

a) Uma elevada concentração acionista pode implicar que o acionista minoritário venha a assumir uma degradação significativa do valor do seu investimento (ex. venda com perdas) ou um cenário de "prisão" na sociedade, em virtude da falta de interessados na aquisição da sua participação;
b) Se as ações deixarem de estar negociadas em mercado regulamentado, a posição do acionista minoritário fica enfraquecida, uma vez que fica reduzida a liquidez assim como fica reduzida a informação disponível sobre a sociedade;
c) A diminuição dos deveres de informação a que o acionista maioritário se encontra vinculado implica menor monitorização e controlo da atividade do órgão de gestão da sociedade e dificulta a perceção de eventuais abusos que possam ser praticados pelo órgão de gestão ou pelo acionista maioritário.

Neste quadro, entende-se como pertinente analisar a moldura jurídica em que este direito se enquadra e o fundamento subjacente à exoneração do acionista minoritário da sociedade.

II.3 – Análise do regime jurídico de exoneração do acionista minoritário

No âmbito do CSC, encontramos contemplado o direito de exoneração em diversas situações como no caso em que os sócios que não tenham votado a favor da deliberação sobre a transferência de sede efetiva para o estrangeiro (artigo 3.º, n.º 5, 2.ª parte), em situações de erro, dolo, coação e usura (artigo 45.º, n.º 1), em caso de fusão (artigo 105.º), de cisão (artigo 120.º), transformação (artigo 137.º) e em situações de regresso à atividade da sociedade, se a deliberação for tomada depois de iniciada a partilha, pode exonerar-se da sociedade o sócio cuja participação fique relevantemente reduzida em relação à que, no conjunto, anteriormente detinha, recebendo a parte que pela partilha lhe caberia (artigo 161.º, n.º 5).

Na parte especial, relativamente às sociedades em nome coletivo encontramos prevista a exoneração do sócio (artigo 185.º), também em caso de falecimento ou dissolução ou liquidação da sociedade (artigo 184.º, n.º 6 e artigo 195.º, n.º 1, alínea *b)*, respetivamente).

No que diz respeito às sociedades por quotas também se encontra previsto o direito de exoneração (artigo 240.º), admitindo-se como válidas as cláusulas que proíbam a cessão de quotas, tendo os sócios, nesse caso, direito à exoneração, uma vez decorridos dez anos sobre o seu ingresso na sociedade (artigo 229.º, n.º 1). Também se aplicará o disposto sobre a exoneração de sócios se o contrato de sociedade atribuir ao sócio o direito à amortização da quota (232.º, n.º 4).

No caso das sociedades anónimas, não se encontra expressamente previsto ou regulado o direito de exoneração do acionista, uma vez que o sistema jurídico-societário nacional assenta no pressuposto que, em princípio, a saída dos acionistas será assegurada pelo regime de circulação de ações[38].

Fora dos casos acima mencionados da parte geral do CSC encontramos apenas especificamente previsto o direito de alienação potestativa do acionista regulado nas aquisições tendentes ao domínio total, por um regime muito específico e em diplomas diferentes, consoante se esteja perante uma sociedade com o capital aberto ao investimento do público ou não[39] (artigo 490.º, n.º 7 do CSC). A aquisição tendente ao domínio total de sociedade com o capi-

[38] Pedro Pais de Vasconcelos, cit., p. 28; Jorge Manuel Coutinho de Abreu, cit., pp. 425.

[39] O confronto entre os regimes do artigo 490.º do CSC e do artigo 194.º do CVM, nomeadamente no que diga respeito às especificidades do modo de transmissão, contrapartida e prestação de deveres de informação, não se enquadra no objetivo deste estudo e não será analisado. Para uma comparação entre regimes, vd. Paulo Câmara, cit., pp. 751-756; Hugo Moredo Santos, *Transparência...*, pp. 315-394.

tal aberto ao investimento do público rege-se pelo disposto no CVM e no Regulamento da CMVM n.º 3/2006 da CMVM.

Numa sociedade fechada (cujo capital não se encontra aberto ao investimento do público), o regime da exoneração do acionista no CSC[40] exige como pressuposto que se verifique uma situação em que determinada sociedade anónima, por quotas ou em comandita por ações, por si ou conjuntamente com outras sociedades ou pessoas mencionadas no artigo 483.º, n.º 2 do CSC, disponha de quotas ou ações correspondentes a, pelo menos, 90% do capital da sociedade na qual o acionista detém a sua participação, devendo comunicar o facto a esta nos 30 dias seguintes àquele em que for atingida a referida participação (artigo 490.º, n.º 1 do CSC).

Nos seis meses seguintes à data da comunicação, a sociedade dominante pode fazer uma oferta de aquisição das participações dos restantes sócios, mediante

[40] Sobre este regime em especial vd. José Engrácia Antunes, *O artigo 490.º do CSC – "Propriedade corporativa", Propriedade Privada, Igualdade de tratamento, in* AAVV, "Estudos em comemoração dos cinco anos da Faculdade de Direito do Porto", Coimbra Editora, Coimbra, 2001; Ana Filipa Morais Antunes, *O instituto da aquisição tendente ao domínio total (artigo 490.º do CSC): um exemplo de uma "expropriação legal" dos direitos dos minoritários?*, in "Nos 20 anos do Código das sociedades Comerciais. Homenagem aos Profs. Doutores A. Ferrer Correia, Orlando de Carvalho e Vasco Lobo Xavier", Coimbra Editora, Coimbra, 2008; Maria Mariana de Melo Egídio Pereira, *A aquisição tendente ao domínio total. Breves reflexões sobre o artigo 490.º do CSC*, in "O Direito" – Ano 140.º, Almedina, Coimbra, 2008-IV.

uma contrapartida em dinheiro ou nas suas próprias quotas, ações ou obrigações, justificada por relatório elaborado por revisor oficial de contas independente das sociedades interessadas, que será depositado no registo e patenteado aos interessados nas sedes das duas sociedades (artigo 490.º, n.º 2 do CSC).

A sociedade dominante pode tornar-se titular das ações ou quotas pertencentes aos sócios livres da sociedade dependente, se assim o declarar na proposta, estando a aquisição sujeita a registo por depósito e publicação, mas o registo só pode ser efetuado se a sociedade tiver consignado em depósito a contrapartida, em dinheiro, ações ou obrigações, das participações adquiridas, calculada de acordo com os valores mais altos constantes do relatório do revisor (artigo 490.º, n.º 3 e 4 do CSC).

Alcançada esta situação de domínio, se a sociedade dominante não fizer oportunamente uma oferta de aquisição sobre as participações dos restantes sócios, cada acionista pode, num prazo máximo de cinco anos a contar da data da aquisição maioritária relevante (artigo 174.º, n.º 3 do CSC), exigir por escrito que a sociedade dominante lhe faça, em prazo não inferior a 30 dias, oferta de aquisição das suas quotas ou ações, mediante contrapartida em dinheiro, quotas ou ações das sociedades dominantes (artigo 490.º, n.º 5 do CSC).

Na falta de oferta ou sendo esta oferta considerada insatisfatória, o acionista poderá requerer ao tribunal que declare as suas ações como adquiridas pela sociedade dominante desde a proposição da ação, fixe o seu valor em dinheiro e condene a sociedade dominante a pagar-lhe esse valor (artigo 490.º, n.º 6, 1.ª parte do CSC).

No entanto, esta ação deve ser proposta nos 30 dias seguintes ao termo do prazo da oferta exigida pelo acionista por escrito à sociedade dominante ou à receção da oferta, conforme for o caso (artigo 490.º, n.º 6, 2.ª parte do CSC).

Verifica-se portanto que nas sociedades fechadas e após a transferência do controlo, a saída dos acionistas minoritários pode ser *provocada* pela sociedade que adquiriu o domínio ou *voluntária* se for exercida pelos acionistas, obrigando a sociedade a adquirir a sua participação.

Neste momento, efetuada uma análise introdutória e de enquadramento sobre o regime de exoneração dos acionistas noutras situações previstas na lei ou para as sociedades fechadas, cabe analisar como se encontra regulada a saída dos acionistas nas sociedades com o capital aberto ao investimento do público, após a transferência do respetivo controlo ou domínio.

II.3.a – O direito de sair da sociedade no CVM

Recordando que não se encontra expressamente previsto ou regulado o direito de exoneração do acionista no regime das sociedades anónimas, a possibilidade do acionista se exonerar da sociedade encontra apenas paralelo no direito de alienação potestativa que, no caso das sociedades abertas, se encontra expressamente regulado no artigo 196.º do CVM.

Cabe verificar em que circunstâncias poderá este direito ser exercido.

O instrumento da aquisição tendente ao domínio total encontra-se relacionado com a OPA, sendo condição necessária que se tenha verificado uma OPA geral antecedente.

Contrariamente ao que sucede com o dever de lançamento da OPA, previsto no artigo 187.º, n.º 1 do CVM, onde se exige que quem detenha uma participação em sociedade aberta que ultrapasse, diretamente ou nos termos do artigo 20.º, n.º 1 do CVM, um terço ou metade dos direitos de voto correspondentes ao capital social tem o dever de lançar OPA sobre a totalidade das ações e de outros valores mobiliários emitidos por essa sociedade que confiram direito à sua subscrição ou aquisição, na aquisição tendente ao domínio total deve ser respeitado um duplo limite.

De acordo com o artigo 194.º, n.º 1 do CVM o acionista maioritário que, na sequência do lançamento de OPA geral em que seja visada sociedade aberta que tenha como lei pessoal a lei portuguesa, atinja ou ultrapasse, diretamente ou nos termos do artigo 20.º, n.º 1 do CVM, 90 % dos direitos de voto correspondentes ao capital social até ao apuramento dos resultados da oferta e 90 % dos direitos de voto abrangidos pela oferta pode, nos três meses subsequentes, adquirir as ações remanescentes mediante contrapartida justa, em dinheiro, calculada nos termos do artigo 188.º do CVM (também conhecido por "*right of squeeze-out*").

Resulta deste artigo 194.º, n.º 1 do CVM que é sempre necessário que tenha ocorrido uma OPA geral anterior e que o acionista maioritário tenha adquirido 90% dos direitos de voto correspondentes ao capital social até ao apuramento dos resultados da oferta e 90% dos direitos de voto abrangidos pela oferta, posteriormente.

Se, porventura, o acionista maioritário já detinha mais de 90% dos direitos de voto correspondentes ao capital social antes de lançar a oferta, não se encontra verificado o requisito previsto na lei para ativar a aquisição tendente ao domínio total, uma vez que o legislador exige que a percentagem de 90% seja atingida ou ultrapassada "*na sequência do lançamento de oferta pública de aquisição geral*"[41].

Se o oferente, em resultado da aceitação de OPA geral e voluntária, adquirir pelo menos 90% das ações representativas de capital social com direitos de voto abrangidas pela oferta, presume-se que a contrapartida da oferta corresponde a uma contrapartida justa

[41] Paulo Câmara, cit., p. 757, ressalva que o regime das transações na pendência da oferta, previsto no artigo 180.º do CVM, permite que se realizem aquisições pelo oferente fora da OPA, livremente se forem feitas em mercado, e mediante autorização da CMVM se realizadas fora de mercado regulamentado, sendo possível atingir ou ultrapassar o limite de 90%, conjugando o regime dos artigos 180.º e 194.º do CVM, sem qualquer aceitação em OPA, mas apenas em aquisições paralelas, desde que realizadas após o lançamento da oferta e na sua pendência.

da aquisição das ações remanescentes (artigo 194.º, n.º 2 do CVM).

O sócio dominante que tome a decisão de aquisição potestativa deve publicar de imediato anúncio preliminar e enviá-lo à CMVM para efeitos de registo. Ao conteúdo do anúncio preliminar aplica-se, com as devidas adaptações, o disposto do artigo 176.º, n.º 1, alíneas *a)* a *e)* do CVM (artigo 194.º, n.º 3 do CVM). A publicação do anúncio preliminar obriga o sócio dominante a consignar a contrapartida em depósito junto de instituição de crédito, à ordem dos titulares das ações remanescentes (artigo 194.º, n.º 4 do CVM).

De notar que, o que a lei refere é que o oferente *pode* adquirir as ações remanescentes, ou seja, não existe um dever para o oferente de adquirir as ações remanescentes, ao abrigo do regime do artigo 194.º, n.º 1 do CVM.

Se o oferente pretender a aquisição, esta torna-se eficaz a partir da publicação do registo na CMVM e implica, em termos imediatos, a perda da qualidade de sociedade aberta e a exclusão da negociação em mercado regulamentado das ações da sociedade e dos valores mobiliários que a elas dão direito, ficando vedada a readmissão durante um ano (artigo 195.º, n.º 1 e 4 do CVM).

Na hipótese do acionista maioritário não pretender adquirir as ações remanescentes, o regime do artigo 196.º, n.º 1 do CVM permite que cada um dos acionistas minoritários titulares das ações remanescentes possa, nos três meses subsequentes ao apuramento dos resultados da referida OPA, exercer o direito de alienação potestativa (também conhecido por "*right of sell-out*"). Para tal, é suficiente dirigir um convite por escrito ao sócio dominante para que, no prazo de oito dias, lhe faça proposta de aquisição das suas ações.

Se o sócio dominante não responder ao convite que lhe foi feito ou se a sua proposta de aquisição não for considerada satisfatória, qualquer titular de ações remanescentes pode tomar a decisão de alienação potestativa, mediante declaração perante a CMVM acompanhada de: a) documento comprovativo de consignação em depósito ou de bloqueio das ações a alienar; e b) indicação da contrapartida calculada nos termos do artigo 194.º, n.º 1 e 2 do CVM (artigo 196.º, n.º 2 do CVM).

Verificados os requisitos da alienação pela CMVM, esta considera-se eficaz a partir da notificação por aquela autoridade ao sócio dominante e a certidão comprovativa da notificação constitui título executivo (artigo 196.º, n.º 3 e 4 do CVM).

No entanto, ainda que a totalidade das ações remanescentes seja alienada, ressalva-se que esta alienação não implica a perda da qualidade de sociedade aberta, contrariamente ao regime previsto para a aquisição (artigo 195.º, n.º 4 do CVM). Neste quadro, ainda que o acionista maioritário adquira a totalidade das ações remanescentes, se pretender perder a qualidade de sociedade aberta, a sociedade ou o oferente terá de o requerer à CMVM (artigo 27.º, n.º 2 do CVM).

No que diz respeito à perda da qualidade de sociedade aberta, verificou-se que esta situação é automática, se as ações remanescentes forem adquiridas pelo sócio dominante de acordo com o regime da alienação potestativa na aquisição tendente ao domínio total.

Contudo, a sociedade ou o sócio dominante podem solicitar à CMVM a perda qualidade de sociedade aberta, desde que detenham mais de 90% dos direitos de voto, calculados nos termos do artigo 20.º, n.º 1 do CVM, e em consequência de OPA (artigo 27.º, n.º 1, alínea *a)* e n.º 2 do CVM). Similarmente ao regime da aquisição tendente ao domínio total, a perda da qualidade de sociedade aberta é eficaz a partir da publicação da decisão favorável da CMVM (artigo 28.º, n.º 1 do CVM) e implica a imediata exclusão da negociação em mercado regulamentado das ações da sociedade e dos valores mobiliários que dão direito à sua subscrição ou aquisição, ficando vedada a readmissão no prazo de um ano (artigo 29.º do CVM).

Face ao exposto, verificam-se algumas diferenças no regime de perda da qualidade de sociedade aberta. Considerando o regime constante nos artigos 27.º a 29.º do CVM, a lei não requer que a OPA antecedente tenha sido dirigida a todos os titulares de ações da sociedade visada, não prevê qualquer aquisição ou alienação potestativa das ações remanescentes e não esclarece se existe um prazo para requerer a perda da qualidade de sociedade aberta, após a OPA.

Adicionalmente, é possível verificar que o regime da perda da qualidade de sociedade aberta está longe de proteger os acionistas minoritários[42], uma vez que as regras previstas no artigo 27.º, n.º 3 e 4 do CVM somente são aplicáveis ao caso previsto no artigo 27.º, n.º 1. alínea *b)* do CVM. Verifica-se, portanto, que a lei exclui que os acionistas minoritários beneficiem das regras de fixação da contrapartida previstas no artigo 188.º do CVM, se for requerida a perda da qualidade de sociedade aberta pelo acionista que passou a deter, em consequência de OPA, mais de 90 % dos direitos de voto correspondentes ao capital da sociedade visada. Neste caso, se o acionista maioritário requerer a perda da qualidade de sociedade aberta, a existir uma aquisição ou alienação potestativa, esta ocorre nos termos do artigo 490.º, n.º 2 ou 6 do CSC, cujos critérios de determinação da contrapartida não oferecem um nível de proteção semelhante aos critérios plasmados no artigo 188.º do CVM.

Também deve ser referido que, se o acionista maioritário tiver atingido ou ultrapassado mais de 90% dos direitos de voto correspondentes ao capital da sociedade visada através de um mecanismo diferente da OPA e não pretender requerer a perda da qualidade de sociedade aberta, ocorre o fenómeno de "prisão" na sociedade que foi referido *supra*, uma vez que os acionistas não podem recorrer à alienação potestativa do artigo 490.º, n.º 5 do CSC nem conseguem alie-

[42] Hugo Moredo Santos, *A aquisição tendente ao domínio total de sociedades abertas*, *in* Direito dos Valores Mobiliários – Volume VII, Coimbra, Coimbra Editora, 2007, pp. 338 e ss.

nar a respetiva participação, em virtude da falta de interessados em investir numa sociedade controlada.

Também não deve ser ignorado que a perda da qualidade de sociedade aberta implica alterações importantes sobre a posição dos acionistas relativamente ao regime dos deveres de informação, já acima referidas.

No que diz respeito à saída da sociedade, a posição dos acionistas minoritários pode revelar-se menos acautelada perante o regime da perda da qualidade de sociedade aberta do que na aquisição tendente ao domínio total.

De facto, a lei permite que a OPA antecedente possa ser parcial, não regulando a possibilidade de saída dos restantes acionistas, se um acionista passar a deter, em consequência de OPA, mais de 90 % dos direitos de voto.

De acordo com o artigo 248.º do CVM, a sociedade emitente de ações admitidas à negociação em mercado regulamentado encontra-se obrigada a informar imediatamente o mercado assim que tome a decisão de se submeter ao procedimento de perda da qualidade de sociedade aberta.

Mas a comunicação desta decisão, já consumada, ao mercado pode significar uma perda de liquidez irrecuperável do investimento do acionista minoritário, tendo em consideração a eventual depreciação do valor da participação e a falta de interessados nessa aquisição, em virtude da necessária exclusão da negociação em mercado regulamentado.

De acordo com Paulo Câmara[43], a diferença de regime na aquisição tendente ao domínio total justifica-se em virtude de existir na aquisição potestativa uma situação técnica de sujeição, uma vez que a transmissão da participação dos acionistas minoritários ocorre unilateralmente, sendo que as únicas restrições que o regime de perda da qualidade de sociedade aberta introduz na negociabilidade das ações emitidas pela sociedade visada e dos valores mobiliários que dão direito à sua subscrição ou aquisição reside na exclusão da negociação em mercado regulamentado, ficando vedada a readmissão no prazo de um ano. Não deixa, contudo, de reconhecer que após a exclusão de mercado existe usualmente uma tendência de depreciação das ações detidas pelos acionistas minoritários.

Tendo em conta os dois casos que irão ser vistos no Capítulo III, nomeadamente o caso da Comissão do Mercado de Valores Mobiliários na aquisição da Brisa – Autoestradas de Portugal, S.A., reserva-se a análise crítica mais desenvolvida deste regime para o Capítulo IV.

II.3.b – O direito de sair da sociedade na Diretiva 2004/25/CE

A Diretiva 2004/25/CE do Parlamento Europeu e do Conselho, de 21 de abril de 2004, relativa às ofertas

[43] Paulo Câmara, cit., p. 741 e 743.

públicas de aquisição[44], visa ofertas públicas relativas a sociedades cujos valores mobiliários são, no todo ou em parte, admitidos à negociação num mercado regulamentado (artigo 1.º, n.º 1), excluindo as sociedades de investimento coletivo (artigo 1.º, n.º 2) e os bancos centrais (artigo 1.º, n.º 3), assumindo o objetivo de fixar determinados princípios comuns e um número limitado de requisitos gerais que os Estados-Membros serão obrigados a implementar, através de regras mais pormenorizadas, em conformidade com o respetivo sistema nacional e o seu contexto cultural (considerando 26).

Esta Diretiva permite que os Estados-Membros apenas sejam obrigados a assegurar que sejam satisfeitos os requisitos mínimos nela previstos, podendo estes ainda estabelecer condições adicionais e disposições mais restritivas do que as exigidas na Diretiva para regulamentar as ofertas (artigo 3.º, n.º 2).

Entre outros elementos orientadores, a Diretiva estabelece ser necessário proteger os interesses dos titulares de valores mobiliários das sociedades, no caso de essas sociedades serem objeto de ofertas públicas de aquisição ou de mudanças de controlo,

[44] Sobre as vicissitudes que rodearam a aprovação desta Diretiva vd. Hugo Moredo Santos, *Transparência...*, pp. 217 e ss. e António Menezes Cordeiro, *Direito Europeu das Sociedades*, Almedina, Coimbra, 2005, pp. 515 e ss. Sobre um traço geral e problemas suscitados com a transposição da Diretiva vd. Dário Moura Vicente, *Ofertas Públicas Internacionais, in* AAVV, Direito dos Valores Mobiliários, Vol. VII, Coimbra Editora, Coimbra, 2007, pp. 465-494.

quando pelo menos uma parte dos seus valores mobiliários se encontrem admitidos à negociação num mercado regulamentado num Estado-Membro (considerando 2), e em especial, os detentores de participações minoritárias após uma mudança do controlo das sociedades (considerando 9, 1.ª parte).

O princípio da igualdade encontra-se previsto no artigo 3.º, alínea *a)* e assenta em duas vertentes: (i) todos os titulares de valores mobiliários da sociedade visada com a mesma categoria devem beneficiar de um tratamento equivalente e (ii) nos casos em que uma pessoa adquira o controlo de uma sociedade, os acionistas minoritários terão de ser protegidos.

Esta proteção aos acionistas minoritários é concedida através da imposição ao adquirente que assumiu o controlo de uma sociedade do dever de lançar uma oferta a todos os titulares de valores mobiliários dessa sociedade, tendo em vista a aquisição da totalidade das respetivas participações e a um preço equitativo, que deve ser objeto de uma definição comum, não se excluindo a possibilidade de se estabelecerem outros instrumentos para a proteção dos interesses dos titulares de valores mobiliários, tais como o dever de lançar uma oferta parcial quando o oferente não adquira o controlo da sociedade ou o dever de lançar uma oferta simultaneamente com a aquisição do controlo da sociedade (considerando 9).

A Diretiva prevê duas possibilidades de saída aos acionistas minoritários.

A primeira situação decorre do dever de lançar uma OPA, sempre que uma pessoa adquira o controlo de uma sociedade deve lançar uma oferta a fim de proteger os acionistas minoritários dessa sociedade, devendo essa oferta ser dirigida o mais rapidamente possível a todos os titulares de valores mobiliários, para a totalidade das suas participações, a um preço equitativo (artigo 5.º, n.º 1).

No que diz respeito ao preço[45], foi conferida larga discricionariedade aos Estados-Membros. Apesar do artigo 5.º, n.º 4, 1.ª parte do 1.º parágrafo referir que entende por preço equitativo o preço mais elevado pago pelos mesmos valores mobiliários, a determinação do período relevante (que, no entanto, não pode ser inferior a seis e não pode ser superior a 12 meses) será definida por cada Estado-Membro que também pode autorizar as autoridades de supervisão a alterar o preço em circunstâncias e de acordo com critérios claramente determinados (artigo 5.º, n.º 4, 1.ª parte do 2.º parágrafo).

Para esse efeito, cada Estado-Membro pode ainda estabelecer uma lista de circunstâncias em que o preço mais elevado pode ser alterado, tanto no sentido da sua subida como descida, por exemplo, se o preço mais elevado tiver sido fixado mediante acordo entre o adquirente e o alienante, se os preços de mercado dos valores mobiliários em causa tiverem sido manipulados, se os preços do mercado em geral ou

[45] A contrapartida encontra-se regulada no artigo 188.º do CVM.

em especial tiverem sido afetados por acontecimentos excecionais, ou a fim de permitir a recuperação de uma empresa em situação difícil. Podem igualmente ser definidos critérios a utilizar em casos como, por exemplo, o valor médio de mercado ao longo de um determinado período, o valor de liquidação da sociedade ou outros critérios objetivos de avaliação geralmente utilizados na análise financeira (artigo 5.º, n.º 4, 2.ª parte do 2.º parágrafo).

No entanto, o dever de lançar uma oferta obrigatória já não se aplica se o controlo tiver sido adquirido na sequência de uma oferta voluntária, dirigida a todos os titulares de valores mobiliários e para a totalidade das suas participações (artigo 5.º, n.º 2). Se o controlo for adquirido através de uma oferta voluntária geral, a Diretiva não exige a aplicação das regras sobre a determinação do preço.

De acordo com a Comissão Europeia[46], numa situação em que o oferente já detenha uma participação social que o coloque perto do limiar de controlo, será suficiente a aquisição de um volume reduzido de participações sociais para ultrapassar esse limiar, sendo que o preço oferecido até poderá ser um preço baixo. Sendo esta oferta voluntária suficiente para adquirir o controlo da sociedade, o oferente consegue subtrair-se ao dever de lançar uma oferta obrigatória a um

[46] Vd. Report from the Commission to The European Parliament, The Council, The European Economic and Social Committee and The Committee of the Regions – Application of Directive 2004/25/CE on takeover bids, COM(2012) 347 final, pp. 8 e 10.

preço equitativo. Neste caso, será vedado aos acionistas minoritários a possibilidade de partilhar o "prémio de controlo".

No plano nacional, o artigo 187.º, n.º 1 do CVM previne esta situação através da previsão do dever de lançar OPA obrigatória quando seja atingido um terço ou metade dos direitos de voto correspondentes ao capital social.

Também é admitido que a oferta voluntária seja apenas parcial. Significa isto que, através de uma oferta voluntária parcial, o oferente pode adquirir apenas uma participação no capital da sociedade que não ultrapasse o limiar de controlo (pode ser suficiente para influenciar significativamente os destinos da sociedade, em virtude da dispersão do capital) ou ainda utilizar uma estratégia de aquisição mais rentável do controlo da sociedade[47] – através do lançamento, numa primeira fase, de uma oferta voluntária parcial que o coloque numa posição próxima do limiar de controlo e, numa segunda fase, lançando uma oferta geral.

Apesar de, esta estratégia não eximir o oferente do dever de lançar a oferta obrigatória a um preço equitativo (artigo 5.º, n.º 1), podem ser reduzidos custos operacionais, uma vez que o eventual recurso ao financiamento bancário pode ser apenas parcial (somente para uma das fases) ou, ainda que total,

[47] Luca Enriques, *The Mandatory Bid Rule in the Takeover Directive: Harmonization Without Foundation?*, in European Company & Financial Law Review, De Gruyter, 2005, Volume 1, Issue 4, pp. 446-447.

pode ser efetuado em dois momentos distintos, sendo a oferta obrigatória apenas financiada quando a aquisição de controlo seja evidente.

Recordando a análise efetuada sobre o ordenamento jurídico português, onde o legislador nacional entendeu que a aquisição do controlo ocorre com a detenção de um terço ou metade dos direitos de voto correspondentes ao capital social (artigo 187.º, n.º 1 do CVM), verifica-se que a Diretiva não oferece qualquer definição de controlo, em claro detrimento da igualdade de condições de concorrência entre os Estados-Membros (*level playing field*)[48], referindo que a percentagem de direitos de voto que confere o controlo de uma sociedade, bem como a fórmula do respetivo cálculo, são determinados pela regulamentação do Estado-Membro em que se situa a sua sede social (artigo 5.º, n.º 3).

Outro aspeto que merece destaque refere-se ao conceito de valores mobiliários, que para efeitos da Diretiva deve ser entendido como títulos negociáveis que conferem direitos de voto numa sociedade (artigo 2.º, n.º 2, alínea *e)*). Resulta do exposto que, os titulares de valores mobiliários que não comportam direitos de voto nas assembleias-gerais ordinárias, ficam excluídos do direito de saída proporcionado pela oferta[49].

[48] Luca Enriques, cit., p. 446; Michel Menjucq, *The European Regime on Takeovers*, in European Company & Financial Law Review, De Gruyter, 2006, vol. 2, p. 227.

[49] Luca Enriques, cit., p.447.

Não obstante, os Estados-Membros podem estabelecer o dever de lançar uma oferta a todos os titulares de valores mobiliários, incluindo os valores mobiliários a que se associem direitos de voto unicamente em situações específicas ou que não comportem qualquer direito de voto (considerando 11).

A segunda situação traduz-se na alienação potestativa (*right of sell-out*), prevista no artigo 16.º, devendo ser assegurado pelos Estados-Membros que qualquer titular dos valores mobiliários remanescentes possa exigir ao oferente que proceda à aquisição dos seus valores mobiliários com base num preço justo (artigo 16.º, n.º 2).

Para que esta situação se verifique, deve ser assegurado o direito de alienação numa das seguintes situações: a) o oferente detenha valores mobiliários que representem pelo menos 90% do capital com direito de voto e 90% dos direitos de voto da sociedade visada; ou b) o oferente tenha adquirido ou celebrado um contrato firme para adquirir, na sequência da aceitação da oferta, valores mobiliários que representem pelo menos 90% do capital da sociedade visada com direito de voto e 90% dos direitos de voto abrangidos pela oferta.

No caso de o oferente deter valores mobiliários que representem pelo menos 90% do capital com direito de voto e 90% dos direitos de voto da sociedade visada, pode ser estabelecido um limiar mais elevado, mas nunca superior a 95% do capital com direito de voto e 95% dos direitos de voto (artigo 15.º, n.º 2, alínea *b)* 2.ª parte *ex vi* artigo 16.º, n.º 1).

Este direito pode ser exercido no prazo de três meses a contar do termo do prazo de aceitação da oferta, devendo os Estados-Membros assegurar que seja garantido um preço justo e que o preço assume a mesma forma que a contrapartida da oferta ou consistir em numerário (artigo 15.º, n.º 4 e 5 *ex vi* artigo 16.º, n.º 3).

II.4 – A exoneração como meio de defesa do acionista minoritário

Perante uma situação de desvantagem, será natural que o acionista minoritário tendencialmente assuma um comportamento defensivo, tentando minimizar qualquer prejuízo que esteja ou que preveja vir a sofrer. Esta lesão tanto se pode traduzir numa falta de informação ou receção de informação incompleta no que diz respeito à atividade da sociedade, como numa falta de liquidez da sua participação que o investimento efetuado possa vir a apresentar.

De forma a prevenir lesões na posição jurídica dos acionistas, excluídas do risco habitual do investimento em mercado regulamentado, a confiança dos investidores deve ser protegida, por um lado, assegurando que o capital fornecido pelos acionistas à sociedade é protegido contra o uso ou apropriação indevida pelos titulares do órgão de gestão ou acionistas maioritários e que se traduz num factor importante no mercado de capitais[50] e, por outro lado, oferecendo-lhes a possibilidade de sair da sociedade e recuperar o seu investimento em situações onde se verifique existir uma falha no quadro de regulamentação do mercado.

Perante situações deste tipo, a saída da sociedade deve ser assegurada e encarada como uma alternativa legítima do acionista minoritário, de forma a que se possa defender e impedir a produção de efeitos negativos na sua esfera jurídica, decorrentes da constituição de uma situação de desvantagem em que foram colocados, evitando ou limitando perdas patrimoniais.

A questão que se pode colocar nesta fase do presente estudo é saber se esta pretensão do acionista minoritário é teoricamente legítima, ou seja, se é legítimo admitir a necessidade de reconhecer um direito de exoneração associado à aquisição da qualidade de acionista, que foi adquirida no momento do investimento feito no capital da sociedade.

Apesar da investigação sobre a natureza jurídica da participação social se encontrar fora do âmbito do presente estudo, é possível verificar que a doutrina nacional[51] entende que a posição complexa de direitos

[50] Sobre a exemplificação de comportamentos ilícitos dos administradores vd. Pedro Caetano Nunes, *Responsabilidade Civil dos Administradores Perante os Accionistas*, Almedina, Coimbra, 2001, pp. 47 e ss.

[51] Sobre este assunto, entre outros, vd. Paulo Olavo Cunha, cit., pp. 265 e ss.; Pedro Pais de Vasconcelos, cit., pp. 23 e ss.; Ana Filipa

e deveres titulada pelo sócio ou acionista compreende o reconhecimento de um direito de exoneração.

De acordo com Pais de Vasconcelos[52], o fundamento da exoneração do sócio decorrerá do princípio constitucional de liberdade (negativa) de associação – "*ninguém pode ser obrigado a fazer parte de uma associação nem coagido por qualquer meio a permanecer nela*" (artigo 46.º, n.º 3 da CRP[53]), assim como da alteração de circunstâncias que constituíram a base da sua decisão de integrar a sociedade, nomeadamente o relacionamento interno entre sócios e o nível de concentração acionista.

Para Coutinho de Abreu[54], a exoneração pode ser justificada nas seguintes situações:

i) Quando a situação em apreço exija a tutela da *liberdade de iniciativa económica* (na sua dimensão negativa, como liberdade de renunciar ao exercício de atividade em sociedade), como por exemplo em situações que se revele muito difícil ou impossível a saída do sócio da sociedade através da transmissão da participação social (por exemplo, nas situações previstas nos

Morais Antunes, cit., pp. 245 e ss.; Jorge Manuel Coutinho de Abreu, cit., pp. 205 e ss.

[52] Pedro Pais de Vasconcelos, cit., pp. 13 e 26.

[53] Decreto de Aprovação da Constituição, de 10 de Abril de 1976, aprova a Constituição da República Portuguesa (versão atualizada disponível em www.parlamento.pt).

[54] Jorge Manuel Coutinho de Abreu, cit., pp. 424-425.

artigos 182.º, n.º 1, 185.º, n.º 1, alínea *a)* e 229.º, n.º 1, todos do CSC);

ii) Quando a sociedade sofra uma alteração *significativa* de tal ordem (ainda que tenham sido objetivamente adequadas) que não seja exigível ou razoável exigir a permanência do acionista na sociedade (por exemplo na transformação da sociedade, transferência da sede para o estrangeiro ou mudança radical o objeto);

iii) Quando o acionista tolere comportamentos que deveriam conduzir à exclusão dos respetivos sujeitos (ex. artigos 185.º, n.º 2, alínea *a)* e *b)* e 240.º, n.º 1, alínea *b)*, ambos do CSC).

Em todas as situações acima mencionadas, verifica-se existir como denominador comum a necessidade do acionista ser protegido de situações suscetíveis de lesar a sua posição na sociedade.

Considerando que a exoneração não se encontra prevista no regime das sociedades anónimas porque o legislador entendeu que a saída livre do acionista estaria assegurada pelo regime de circulação de ações[55], cabe equacionar se perante situações de elevada concentração acionista, que impliquem uma assunção pelo acionista minoritário de uma degradação significativa do valor do seu investimento ou um cenário de "prisão" na sociedade, em virtude da falta

[55] Pedro Pais de Vasconcelos, cit., p. 28

de interessados na aquisição da sua participação, deve ser concedida ao acionista o direito de sair da sociedade, com o reembolso do valor da participação social.

Igual ponderação deve ser dada em situações que, à primeira vista, podem afigurar-se diferentes e ser suscetíveis de produzir os mesmos efeitos práticos, como por exemplo, recordando o caso já mencionado referente à perda da qualidade de sociedade aberta. Neste quadro, parece-me pertinente que determinadas questões sejam colocadas, nomeadamente:

i) Considerando que, em caso de OPA, os acionistas poderiam alienar a sua participação social beneficiando do regime do artigo 188.º do CVM, porque motivo os acionistas minoritários beneficiam de um regime de contrapartida diferente consoante se encontrem abrangidos pelo artigo 27.º, n.º 1, alínea *a)* do CVM ou pelo artigo 27.º, n.º 1, alínea *b)* do CVM?
ii) E se existirem acionistas minoritários que não tenham sido abrangidos por essa oferta pública porque esta era parcial?
iii) Se o acionista maioritário tiver obtido o controlo de mais de 90% dos direitos de voto correspondentes ao capital da sociedade, através de um mecanismo diferente da OPA, e não pretender requerer a perda da qualidade de sociedade aberta, porque motivo não podem os acionistas minoritários alienar potestativa-

mente a sua participação, em condições iguais às dos acionistas minoritários que se encontrem na situação prevista nos artigos 27.º, n.º 1, alínea *b)* ou 196.º, ambos do CVM?

Tendo em consideração que o investimento nas sociedades cotadas não garante o capital investido, a proteção dos acionistas minoritários não visa eliminar o risco inerente à flutuação da cotação das ações, que pode suceder em virtude de inúmeros factores como a distribuição de dividendos, resultados trimestrais a anuais apresentados, conjuntura económica ou investimentos realizados, entre outros.

No entanto, as situações acima mencionadas traduzem uma suscetibilidade elevada de poder afetar negativamente o investimento dos acionistas minoritários, não sendo a sua conformidade com o sistema jurídico isenta dúvidas e devendo ser questionado se a natureza dos casos mencionados obsta a que estas aquisições e alienações de ações próprias não devam respeitar o princípio do igual tratamento dos acionistas (artigo 321.º do CSC).

Tomando como exemplo a questão da contrapartida na perda da qualidade de sociedade aberta, prevista no artigo 27.º, n.º 1, alínea *a)* do CVM, e considerando a equiparação entre o regime da aquisição tendente ao domínio total e a aquisição potestativa prevista no artigo 27.º, n.º 3 e 4 do CVM, é pertinente questionar se o princípio da igualdade não deve assegurar, nomeadamente, quanto à fixação da contrapartida, tratamento igual aos titulares de ações da mesma categoria (por analogia, artigo 197.º do CVM)[56].

Face ao exposto, de forma a responder às questões colocadas, cabe prosseguir este estudo através da análise de dois casos concretos, averiguando se deles é possível retirar elementos suficientes que permitam afirmar que o princípio da igualdade entre acionistas deve permitir a exoneração do acionista minoritário naquelas situações, salvaguardando o investimento efetuado.

[56] Neste sentido Hugo Moredo Santos, *A aquisição...*, cit., p. 339.

Capítulo III
Sobre a igualdade de tratamento entre acionistas após a transferência de controlo

III.1 – A experiência do TJUE: o caso Audiolux

No caso em apreço, a Cour de Cassation luxemburguesa submeteu ao Tribunal de Justiça da União Europeia (TJUE) três questões prejudiciais que, no essencial, se destinavam a determinar se era possível extrair de um conjunto de disposições contidas em atos das instituições da Comunidade[57] no domínio do direito das sociedades a existência, no direito comunitário, de um princípio geral da igualdade entre acionistas que concedesse aos acionistas minoritá-

[57] Verica Trstenjak, Conclusões Gerais da Advogada-Geral, apresentadas em 30 de Junho de 2009, Processo C-101/08, seção II (disponível em www.eur-lex.europa.eu).

rios de uma sociedade uma proteção tal que, em caso de aquisição do controlo dessa sociedade por outra, tivessem o direito de alienar os seus valores mobiliários em condições idênticas às dos demais acionistas.

Cabe, portanto, relatar os factos que deram origem ao litígio e qual o enquadramento jurídico atribuído pelo TJUE a estes factos, na fundamentação da sua decisão. De seguida, proceder-se-á a um comentário sobre a referida decisão.

III.1.a – Factos e questões colocadas perante o TJUE

Em momento anterior às transações que deram origem ao litígio, a Audiolux SA era acionista minoritária da sociedade anónima RTL Group, com sede no Luxemburgo, cujas ações se encontravam negociadas nas bolsas do Luxemburgo, de Bruxelas e de Londres. A Groupe Bruxelles Lambert (GBL) detinha 30% das ações da RTL. A Bertelsmann AG (Bertelsmann) detinha uma participação de 80% na Bertelsmann Westdeutsche TV GmbH (BWTV), sendo que os 20% remanescentes eram detidos pela Westdeutsche Allgemeine eitungsverlagsgesellschaf E. Brost & J. Funke GmbH & Co. (WAZ). A BWTV detinha 37% das ações da RTL, o grupo britânico Pearson Television 22% e os demais acionistas, entre eles a Audiolux, 11%. Através de várias transações realizadas durante o primeiro semestre de 2001, a GBL cedeu a sua participação de 30% no capital da RTL em troca de 25% do capital da Bertelsmann.

A transmissão da participação detida pela GBL à Bertelsmann foi objeto de decisão do tribunal d'arrondissement (Luxemburgo – Tribunal de Primeira Instância), de 8 de julho de 2003, que veio julgar improcedentes os pedidos apresentados pela Audiolux com o fundamento de que os mesmos não se baseavam em nenhuma norma ou princípio jurídico consagrados no direito luxemburguês. Esses pedidos incidiram, particularmente, sobre a validade das transações que levaram à cedência da participação e sobre a reparação do prejuízo causado pela inobservância da obrigação de oferecer aos acionistas minoritários a troca das suas ações na RTL pelas ações da Bertelsmann, nas mesmas condições que as oferecidas à GBL. De acordo com esta decisão, nenhuma disposição do direito luxemburguês implementou a Recomendação 77/534[58], sendo que o direito societário luxemburguês e a regulamentação da Bolsa luxemburguesa também não conferiam aos acionistas minoritários o direito de ceder os seus títulos em condições equivalentes às da cessão entretanto ocorrida entre dois acionistas maioritários.

A ação judicial foi intentada pela Audiolux SA e outros acionistas minoritários da sociedade anónima RTL Group contra a sociedade de direito belga GBL, a sociedade de direito alemão Bertelsmann AG (Bertelsmann), a sociedade anónima RTL Group e os

[58] Recomendação da Comissão, de 25 de Julho de 1977, relativa a um código europeu de conduta respeitante às transacções relativas a valores mobiliários (JO L 212 de 20.08.1977, p. 0037 – 0043).

administradores da RTL Group, que pretendiam a anulação do acordo celebrado entre a GBL e a Bertelsmann, ao abrigo do qual a GBL cedera a sua participação de 30% no capital da RTL Group à Bertelsmann em troca de 25% do capital da Bertelsmann, ou, subsidiariamente, a declaração da responsabilidade solidária dos demandados no processo principal pelo prejuízo sofrido pelos demandantes no processo principal e a condenação daqueles à respetiva reparação.

Posteriormente, a Audiolux ampliou o seu pedido e através de uma nova ação intentada contra a Bertelsmannn e outras sociedades, veio pedir que a RTL Group fosse obrigada, em execução dos compromissos constantes do prospeto de admissão das ações da RTL Group na bolsa de Londres, publicado em 30 de Junho de 2000, designadamente, a aumentar a difusão junto do público dos títulos da RTL Group para 15% e a não os retirar da cotação na bolsa de Londres.

No entanto, por decisão de 8 de julho de 2003, proferida no âmbito da primeira ação relativa à transmissão da participação da GBL à Bertelsmann, o Tribunal d'arrondissement do Luxemburgo julgou os pedidos da Audiolux improcedentes, com o fundamento de que não se baseavam em nenhuma norma ou princípio jurídico consagrados no direito luxemburguês, tendo a Audiolux recorrido desta decisão para a Cour d'appel, em 8 de outubro de 2003.

Na sua decisão de 30 de março de 2004, proferida no âmbito da segunda ação, o Tribunal d'arrondissement do Luxemburgo julgou esta ação improcedente, tendo a Audiolux também recorrido desta decisão para a Cour d'appel, em de 24 de junho de 2004.

A Cour d'appel apensou ambos os processos e negou provimento às apelações, por acórdão de 12 de julho de 2006, confirmando o entendimento de que não existe nem no direito das sociedades nem no direito financeiro luxemburguês qualquer princípio geral da igualdade de tratamento entre acionistas e considerando ainda não haver que submeter qualquer questão prejudicial ao Tribunal de Justiça das Comunidades Europeias a este respeito.

A Audiolux interpôs recurso de revista da decisão da segunda instância para a Cour de Cassation, tendo baseado o seu recurso em sete fundamentos, mas sendo relevante para o presente estudo apenas o primeiro fundamento de recurso, onde a Audiolux invocou a violação ou a aplicação incorreta do princípio geral da igualdade de tratamento entre acionistas, que se impõe especialmente no caso de uma sociedade cujas ações estejam cotadas numa bolsa de valores.

A Cour de Cassation, entendendo que o primeiro fundamento de recurso suscitava uma questão relativa à interpretação do direito comunitário de cuja resposta dependia o desfecho do litígio, suspendeu a instância e submeteu para o Tribunal de Justiça as questões para decisão a título prejudicial de saber se as referências à igualdade entre acionistas e, mais precisamente, à proteção dos acionistas minoritários, constantes num conjunto de disposições contidas em atos das instituições da Comunidade resultavam de um princípio geral do direito comunitário.

De acordo com a exposição da Audiolux, as seguintes referências à igualdade entre acionistas e, mais precisamente, à proteção dos acionistas minoritários resultariam de um princípio geral do direito comunitário:

a) da Segunda Diretiva "sociedades" 77/91/CEE, de 13 de dezembro de 1976, nos seus artigos 20.º e 42.º;
b) da Recomendação da Comissão, de 25 de julho de 1977, que institui o Código Europeu de Conduta respeitante às transacções relativas a valores mobiliários, no seu "terceiro princípio geral" e na sua "décima sétima disposição complementar";
c) da Diretiva 79/279/CEE, de 5 de março de 1979, relativa à coordenação das condições de admissão de valores mobiliários à cotação oficial de uma bolsa de valores, no seu anexo, Esquema C, n.º 2, alínea a), retomada na diretiva consolidada de 28 de Maio de 2001;
d) da Diretiva 2004/25/CE do Parlamento Europeu e do Conselho, de 21 de abril de 2004, relativa às ofertas públicas de aquisição, no seu artigo 3.º, n.º 1, alínea *a)*, à luz do seu oitavo considerando.

Admitindo uma resposta afirmativa, a Cour de Cassation pretendia saber se este princípio geral do direito comunitário se deveria aplicar apenas nas relações entre uma sociedade e os seus acionistas ou, pelo contrário, também se impunha nas relações entre acionistas maioritários que exercessem ou adquirissem o controlo de uma sociedade e os acionistas minoritários dessa sociedade, em especial, no caso de uma sociedade cujas ações estivessem cotadas numa bolsa de valores.

Finalmente, em caso de resposta afirmativa às duas questões acima mencionadas, pretendia ainda saber se este princípio geral do direito, tendo em conta a evolução no tempo das referências legislativas que figuram na primeira questão, já existia e se impunha nas relações entre os acionistas maioritários e minoritários, na aceção da segunda questão, antes da entrada em vigor da Diretiva 2004/25/CE, e, no presente caso, antes de se terem verificado os factos controvertidos, que se situam no primeiro semestre de 2001.

III.1.b – A decisão do TJUE. A rejeição de um princípio geral de direito comunitário de proteção dos acionistas minoritários

Na sua decisão, em 15 de outubro de 2009, relativamente à primeira e segunda questões o TJUE entendeu que o direito comunitário não contempla um princípio geral de direito por força do qual os acionistas minoritários são protegidos pela obrigação do acionista dominante, que adquire ou que exerce o controlo de uma sociedade, de lhes propor a aquisição das respetivas ações nas mesmas condições que as oferecidas na aquisição de uma participação que confere ou reforça o controlo do acionista dominante. Tendo em consideração esta resposta, o TJUE entendeu não ter de responder à terceira questão.

Cabe determo-nos sobre o caminho percorrido pelo TJUE para alcançar esta conclusão.

No ponto 34 da sua decisão, o TJUE começa por realçar que a mera circunstância do direito comunitário derivado prever determinadas disposições referentes à proteção dos acionistas minoritários não era suficiente, por si, para demonstrar a existência de um princípio geral de direito comunitário, nomeadamente, se o seu âmbito de aplicação é limitado a direitos bem determinados e certos, acrescentando ainda, a esse respeito, que essas disposições revestem valor indicativo na medida em que sejam redigidas de modo vinculativo, evidenciando o conteúdo bem determinado do princípio em causa.

No que diz respeito ao alcance das disposições referidas das Diretivas 77/91 e 79/279, o TJUE entendeu o seguinte[59]:

a) Estas disposições circunscrevem-se a situações bem determinadas que não têm a ver com uma

[59] Acórdão Audiolux, cit., pontos 33-42.

situação como a que está em causa no processo principal e as referências à proteção dos acionistas minoritários no artigo 20.º da Diretiva 77/91, visam simplesmente especificar, "*...como resulta do seu teor, os objetivos perante os quais os Estados-Membros, em determinadas condições, podem derrogar o artigo 19.º desta diretiva*";

b) A obrigação, enunciada no artigo 42.º da Diretiva 77/91, de garantir um tratamento igual dos acionistas que se encontram em condições idênticas também apenas será aplicável, como resulta da expressão "*para a aplicação da presente diretiva*", unicamente no quadro desta diretiva, conforme especificado no seu quinto considerando, em operações de aumento ou de redução de capital, aplicando-se o artigo 42.º a situações bem diferentes das visadas pela obrigação alegadamente imposta, no processo principal, ao acionista dominante em virtude do hipotético princípio geral de direito comunitário alegado pela Audiolux;

c) A conclusão segundo a qual, de acordo com a intenção do legislador comunitário, a regra de igualdade de tratamento dos acionistas prevista no referido artigo 42.º não se destina a ser aplicada fora do quadro da Diretiva 77/91 é confirmada pelo objetivo desta diretiva – unicamente assegurar um nível mínimo de proteção dos acionistas no conjunto dos Estados-Membros;

d) Mesmo no âmbito da Diretiva 77/91, o seu artigo 42.º não pode ser considerado como a expressão de um princípio geral de direito comunitário, uma vez que o TJUE já rejeitou anteriormente uma interpretação lata do artigo 42.º da Diretiva 77/91, que teria como consequência privar o efeito útil do seu artigo 29.º, n.º 4, relativo às condições que permitem limitar o direito de preferência;
e) No que toca ao n.º 2, alínea *a)*, do esquema C que figura no anexo da Diretiva 79/279, de acordo com o qual a sociedade deve garantir um tratamento igual dos acionistas que se encontrem em situações idênticas, esta disposição foi revogada e substituída pelo artigo 17.º da Diretiva 2001/34 que se aplica, de acordo com a sua epígrafe, unicamente à obrigação de fornecer informações aos detentores de títulos;
f) Assim, quer as disposições da Diretiva 77/91 quer as da Diretiva 79/279, aplicam-se a situações bem determinadas e claramente diferentes da que está em causa no processo principal, sendo que estas disposições se limitam, no essencial, a regular certos casos específicos do direito das sociedades, impondo determinadas obrigações à sociedade com vista à proteção dos seus acionistas e não revestem, por conseguinte, o carácter genérico que é por natureza inerente aos princípios gerais de direito.

Prosseguindo na rejeição de um princípio geral de direito comunitário de proteção dos acionistas minoritários, no ponto 43, o TJUE refere no que toca ao terceiro princípio geral e à décima sétima disposição complementar do código de conduta, bem como à Diretiva 2004/25/CE, que nem o código nem a diretiva se referem expressamente à existência de um princípio geral de direito comunitário relativo à proteção dos acionistas minoritários.

Concretamente quanto ao código de conduta, a posição rejeição por parte do TJUE assenta no seguinte[60]:

a) Por um lado, o seu primeiro princípio geral opera, no seu segundo parágrafo, uma distinção entre as disposições legais ou regulamentares em vigor e os princípios de boa conduta;
b) Este primeiro princípio coloca em pé de igualdade os princípios de boa conduta em uso nos mercados e os recomendados pelo código de conduta, resultando que, de acordo com esse código, esses princípios revestem, enquanto fontes de direito, o mesmo valor que os que estão em uso nos mercados;
c) Esta constatação relativa à natureza jurídica dos referidos princípios é inconciliável com a hipótese de o terceiro princípio geral e a décima sétima disposição complementar do

[60] Acórdão Audiolux, cit., pontos 44-46.

referido código terem subjacente um princípio geral de direito comunitário;

d) Por outro lado, nem o terceiro princípio geral nem a décima sétima disposição complementar do código de conduta exprimem a obrigação de conceder um tratamento igual em termos absolutos e vinculativos, nomeadamente, nos termos do segundo parágrafo da décima sétima disposição complementar deste código, onde se refere ser apenas "*desejável*" oferecer a todos os acionistas a possibilidade de ceder os seus títulos unicamente na medida em que os acionistas minoritários não beneficiem de uma proteção equivalente;

e) Ora, esta redação opõe-se, tendo em mente a jurisprudência dos acórdãos de 23 de Novembro de 1999, Portugal/Conselho, C-149/96, Coletânea, p. I-8395, n.º 86, e de 12 de Julho de 2001, Jippes e o., C-189/01, Coletânea, p. I-5689, n.º 74, a que se possa inferir destas disposições a existência de um princípio geral de direito comunitário relativo à proteção dos acionistas minoritários;

f) Face ao exposto, encontra-se desprovida de pertinência a conclusão do ponto 6 da Recomendação 77/534, de acordo com a qual existe um largo consenso nos meios em causa sobre os princípios do código de conduta.

No que se refere à Diretiva 2004/25/CE, o TJUE rebateu as pretensões da Audiolux com os fundamentos seguintes[61]:

a) Por um lado, o segundo, nono a décimo primeiro e vigésimo quarto considerandos da Diretiva 2004/25/CE, relativos à oferta e alienação obrigatórias, não indicam expressamente nem tacitamente que as disposições nela estatuídas procedem de um princípio geral de direito comunitário, não fazendo estes considerandos qualquer referência ao código de conduta ou às Diretivas 77/91 e 79/279, e não permitindo, assim, considerar a Diretiva 2004/25/CE como a realização de um projeto iniciado pelo código de conduta ou pelas diretivas supramencionadas;
b) Por outro lado, em conformidade com o artigo 1.º da Diretiva 2004/25/CE, o âmbito de aplicação quer da oferta obrigatória quer da alienação potestativa está limitado às sociedades cotadas em bolsa e, nos termos do artigo 5.º, n.º 1, desta diretiva, a oferta obrigatória aplica-se unicamente quando alguém detém, após uma aquisição, uma participação que lhe confere o controlo dessa sociedade e a alienação potestativa vale apenas para situações em que o acionista adquire, no momento da oferta pública,

[61] Acórdão Audiolux, cit., pontos 47-51.

mais de 90% do capital com direito de voto, de acordo com os artigos 15.º e 16.º da referida diretiva;

c) Em especial, no que se refere às disposições mencionadas da Diretiva 2004/25/CE, embora o oitavo considerando desta diretiva aluda aos princípios gerais de direito comunitário, este considerando apenas visa as garantias processuais e nada tem a ver com qualquer princípio da igualdade de tratamento dos acionistas, sendo que e do mesmo modo, também não se pode deduzir da utilização da expressão "*princípios gerais*" no artigo 3.º desta diretiva que o legislador comunitário visa assim equiparar os princípios enunciados neste artigo aos princípios gerais de direito comunitário – tal como resulta da expressão "*para aplicação da presente diretiva*", trata-se unicamente de orientações para a aplicação da referida diretiva pelos Estados-Membros;

d) Consequentemente, as disposições referidas da Diretiva 2004/25/CE aplicam-se a situações específicas, de forma que delas não se pode deduzir um princípio geral de conteúdo determinado, encontrando-se essas disposições, à semelhança das disposições das Diretivas 77/91 e 79/279, também privadas do carácter de transversalidade que é característica dos princípios gerais de direito.

Não obstante o TJUE concluir que as disposições do direito comunitário derivado *supra* não permitem confirmar a existência de um princípio geral da igualdade de tratamento dos acionistas minoritários, aquele tribunal ainda se deteve em examinar se o tratamento reivindicado pela Audiolux poderia ser entendido como expressão específica, em matéria de direito das sociedades, do princípio geral da igualdade de tratamento.

Recordando jurisprudência assente[62], o TJUE vem ainda referir que o princípio geral da igualdade de tratamento exige que situações comparáveis não sejam tratadas de modo diferente e que situações diferentes não sejam tratadas de modo igual, excepto se esse tratamento for objetivamente justificado.

No caso em apreço, o tratamento reivindicado pela Audiolux visava criar uma obrigação que incumbia unicamente ao acionista que adquiria ou que reforçava o seu controlo numa sociedade, vinculando-o a oferecer a todos os acionistas minoritários as mesmas condições que foram oferecidas no momento da aquisição da participação que lhe conferiu ou reforçou o controlo e implicando ainda um direito correspondente de todos os acionistas de venderem as suas ações ao acionista dominante.

[62] Acórdão Audiolux, cit., ponto 54, nomeadamente vd. Acórdão do Tribunal de Justiça (Grande Secção) de 16 de Dezembro de 2008, Arcelor Atlantique e Lorraine e o., C-127/07, Coletânea, p. I-09895, n.º 23 e jurisprudência aí referida).

No que diz respeito à obrigação do acionista dominante e à fixação das condições que se lhe referem, entendeu o TJUE que o princípio geral da igualdade de tratamento não pode, por si só, implicar a imposição de uma obrigação particular ao acionista dominante em benefício de outros acionistas nem determinar a situação específica a que essa obrigação está ligada.

Com efeito, entende o Tribunal que o facto de se impor uma obrigação ao acionista dominante, bem como de fixar as condições que desencadeiam esta obrigação, exige uma decisão quanto a saber se, na situação particular em que um acionista adquire ou reforça o seu controlo numa sociedade, os acionistas minoritários têm necessidade de uma proteção particular que deva ser realizada pela imposição de uma obrigação ao acionista dominante.

Para o TJUE, esta decisão pressupõe a ponderação quer dos interesses dos acionistas minoritários e do acionista dominante quer das consequências consideráveis no âmbito da aquisição de empresas, exigindo "*...uma expressão específica, em consonância com o princípio da segurança jurídica, para permitir aos interessados conhecer sem ambiguidade os seus direitos e obrigações e agir em conformidade*"[63].

Recordando que o código de conduta refere, na sua décima sétima disposição complementar, uma "*proteção que possa ser considerada equivalente*" de que

[63] Acórdão Audiolux, cit., ponto 58.

podem beneficiar os acionistas minoritários e que a Recomendação 77/534 evoca, no ponto 11, C, como exemplo de tal proteção equivalente, a limitação dos poderes do acionista dominante, o TJUE entendeu que a admissibilidade de uma proteção especial para os acionistas minoritários exige uma escolha entre os vários instrumentos possíveis para assegurar essa proteção. No entanto, o TJUE entendeu que o princípio geral da igualdade não pode determinar a escolha entre diferentes instrumentos possíveis de proteção dos acionistas minoritários, como os preconizados pelos atos de direito comunitário derivado mencionados e que um princípio como o defendido pela Audiolux pressupõe escolhas de ordem legislativa, que assentam numa ponderação dos interesses em jogo e na fixação antecipada de regras precisas e minuciosas, e não pode ser deduzido do princípio geral da igualdade de tratamento.

Face ao exposto, o TJUE defendeu que os princípios gerais de direito comunitário se situam num patamar constitucional enquanto que o princípio defendido pela Audiolux se caracteriza por um grau de precisão que exige uma elaboração legislativa que se opera, ao nível comunitário, por um ato de direito comunitário derivado. Por conseguinte, o princípio defendido pela Audiolux não poderá ser visto como um princípio geral autónomo de direito comunitário.

III.1.c – Comentário

Esta decisão do TJUE, na generalidade, foi aceite pela doutrina e cabe verificar alguns elementos fundamentais que conduziram a esta aceitação.

De acordo com Federico Mucciarelli, a Audiolux confundiu a igualdade de tratamento perante a sociedade com a igualdade de tratamento na transferência do controlo da sociedade[64]. Enquanto a primeira se refere a um dever dos órgãos de gestão da sociedade, funcionando como um limite aos poderes destes órgãos e cuja violação poderá conduzir à anulabilidade da deliberação da sociedade ou à responsabilidade civil dos membros desses órgãos, a segunda visa obrigar o acionista maioritário a partilhar o "*prémio de controlo*" com os restantes acionistas (conforme previsto nos artigos 15.º e 16.º da Diretiva 2004/25/CE).

Para este Autor, a aplicação do princípio da igualdade na transferência do controlo de uma sociedade apenas deve ocorrer quando o Estado-Membro competente entenda regular especificamente sobre essa matéria, em virtude de se tratar de uma regra que interfere com transações entre particulares, devendo também ter-se em conta que a diretiva apenas entrou em vigor em 2004 (respetivo artigo 22.º) e que à data da ocorrência dos factos não impendia sobre o acio-

[64] Federico Maria Mucciarelli, *Equal Treatment of Shareholders and European Union Law – Case Note on the Decision 'Audiolux' of the European Court of Justice*, in European Company & Financial Law Review, De Gruyter, Março 2010, Volume 7, Issue 1, pp. 158–167.

nista maioritário qualquer obrigação de dirigir uma oferta a todos os titulares de valores mobiliários da sociedade visada incidindo sobre a totalidade dos seus valores mobiliários.

Neste sentido também devem ser recordadas as conclusões da advogada-geral[65] quando conclui pela não aplicação desta diretiva ao caso Audiolux: "*...os factos que deram origem ao presente litígio ocorreram antes da entrada em vigor da directiva e do decurso do respectivo prazo de transposição, pelo que à época o Grão-Ducado do Luxemburgo ainda não estava obrigado a aplicar a directiva. Isto tem duas implicações. Por um lado, os demandantes no processo principal não podem invocar directamente esta disposição. Por outro lado, importa ter em consideração que o reconhecimento de um princípio geral da igualdade de tratamento entre accionistas, que no essencial produziria os mesmos efeitos que o artigo 5.°, n.° 1, da Directiva 2004/25/CE, conduziria necessariamente a uma aplicação retroactiva da Directiva 2004/25/CE, o que manifestamente não pode ser pretendido pelo legislador comunitário, que, de outro modo, teria considerado supérfluo adoptar um regime específico para regular esta questão*".

A favor da posição assumida pelo TJUE , Gilbert Parleani defende que este princípio seria impraticável no estado atual do direito porque tal princípio, por motivos de segurança jurídica, deverá ser necessaria-

[65] Verica Trstenjak, cit., ponto 101.

mente preciso, sendo de rejeitar preceitos jurídicos vagos e demasiado generalistas[66].

O reconhecimento do princípio da igualdade de tratamento tal como configurado pela Audiolux poderia conduzir a um impasse no direito das sociedades, relativamente ao campo de aplicação sobre diversas questões, do ponto de vista pessoal, material e temporal, não sendo de descartar ainda a hipótese desta opção poder vir a constituir um entrave à liberdade de estabelecimento ou livre circulação de capitais. De acordo ainda com Gilbert Parleani, não obstante se encontrarem determinadas alusões à igualdade entre acionistas, nenhuma pode ser apresentada como aplicação especial de um princípio geral superior e autónomo, ainda mais, quando se inclina sobre as finalidades prosseguidas pelas diretivas, considerando que é a eficiência do mercado que é procurada e não a igualdade.

Quanto à questão de saber se as regras contidas nos artigos 20.º e 42.º da Diretiva 77/91, de 13 de dezembro de 1976, e do artigo 3.º, n.º 1 da Diretiva 2004/25/CE, de 21 de abril de 2004, não traduzem um princípio imanente de igualdade entre acionistas, Gilbert Parleani[67] entende que, apesar deste dever de informação configurar uma manifestação da igualdade, encontra rapidamente os seus limites, uma vez que

[66] Gilbert Parleani, *Absence, en droit de l'Union européenne, d'un principe autonome d'égalité entre actionnaires*, in Revue pratique des sociétés, Dalloz, Mars 2010, pp. 45-50.

[67] Gilbert Parleani, cit., p. 50.

esta obrigação não é financeira e a afirmação de uma igualdade económica e individual de tratamento deve ser aqui recusada, em benefício de uma regra coletiva de transparência do mercado.

Refere ainda que, mesmo relativamente ao Código de Conduta Europeu, o TJUE entendeu no seu ponto 43 que o terceiro princípio geral e a décima sétima disposição complementar do código de conduta, bem como a Directiva 2004/25/CE, não se referem expressamente à existência de um princípio geral de direito comunitário relativo à protecção dos accionistas minoritários, sendo certo que esta ideia de equivalência contradiz o princípio de igualdade. Esta será jurídica enquanto aquela é económica e que a equivalência já permite uma escolha entre a igualdade e outra coisa.

Tendo em conta as considerações da advogada-geral Verica Trstjank sobre as recomendações da OCDE, relatório Winter e Diretiva 2004/25/CE, conclui que o objectivo do direito das sociedades é a fluidez dos mercados ou o seu funcionamento eficaz.

A igualdade entre acionistas não será um fim em si mesmo, mas um meio para atingir aqueles resultados, sendo este o motivo pelo qual as obrigações de informação ocupam um espaço no direito francês. Serão igualitárias, mas também utilitárias, de forma a assegurar a eficácia e a lealdade dos mercados. Para Gilbert Parleani este é o sentido que o TJUE refere ao mencionar que o princípio de igualdade não é "*autónomo*" no direito comunitário. O direito comunitário será um direito económico e de mercado, que visa a eficácia e utilidade económica numa perspectiva conjunta de construção europeia, onde o princípio da igualdade pode servir para assegurar a eficácia dos mercados.

No entanto, um mercado apenas será eficaz se for transparente, o que justifica as regras de informação e de publicidade relacionadas com o direito das sociedades e se for leal, o que explica as regras que visam impedir a verificação de atos abusivos, e que atuando tanto no lado da oferta como da procura, prejudicam os depositantes e investidores que, por vezes, assumem a dupla qualidade de agentes do mercado e acionistas. Para Gilbert Parleani, a Diretiva 2003/6/CE, de 28 de junho de 2003, já vem refletir esta preocupação, sendo que para se ir mais longe, como recorda o TJUE, cabe aos Estados-Membros fazer as suas escolhas no direito nacional.

Outra questão que se pode colocar face à decisão do TJUE será saber se, para além da rejeição da admissibilidade de um princípio de igualdade "externa", ou seja, não existir uma obrigação perante o acionista que adquire ou reforça o controlo na sociedade visada, através da aquisição de títulos ou de outra forma, de lançar uma OPA sobre todos os títulos da sociedade, cotada em bolsa, exceto se existir uma imposição legal que a imponha, o acórdão também implica uma rejeição do princípio da igualdade "interna", que se impõe perante os órgão sociais no âmbito do quadro interno de funcionamento da sociedade.

Na opinião de Didier Willermain[68], o TJUE também terá rejeitado a igualdade "interna", considerando que o ponto 52 do acórdão enuncia de modo amplo que "*...as disposições do direito comunitário derivado a que o órgão jurisdicional de reenvio se reporta não fornecem indicações concludentes da existência de um princípio geral da igualdade de tratamento dos accionistas minoritários*" e que, para alcançar esta conclusão, o TJUE analisou tanto disposições relativas à igualdade "interna" (artigo 42.º da Diretiva 77/91 de 13 de Dezembro de 1976) como quanto à igualdade "externa" (por exemplo, as regras referentes a ofertas públicas de aquisição).

Na opinião deste Autor, a decisão do TJUE é bastante abrangente e também pretenderá rejeitar, pelo menos de forma implícita, a existência de um princípio geral de igualdade entre os acionistas como tal, tanto no plano externo como no interno. Mesmo que o TJUE tivesse considerado o artigo 4.º da Directiva 2007/36/CE, de 11 de julho de 2007, relativa ao exercício de certos direitos dos accionistas de sociedades cotadas: "*A sociedade deve assegurar a igualdade de tratamento de todos os accionistas que se encontrem na mesma situação no que se refere à participação e ao exercício dos direitos de voto nas assembleias-gerais.*", a resposta seria incontestavelmente negativa quanto à

[68] Didier Willermain, *Abscence d'un principe général d'égalité des actionnaires en droit communautaire....et en droit Belge?(à propos de lárrêt "Audiolux" de la Cour de Justice du 15 Octobre 2009), in* Revue pratique des sociétiés, Bruylant, 2010, pp. 47-64.

igualdade "externa", tendo em conta que a diretiva é omissa quanto à questão da aquisição ou reforço do controlo na sociedade e o artigo 4.º apenas se dirige à sociedade.

Quanto à igualdade "interna", entende que a resposta também deverá ser negativa, de acordo com entendimento *supra*. Nem a diretiva, nem o artigo 4.º citado, possuem um alcance geral suficiente para que se possa deduzir, isoladamente ou em conjugação com outras disposições do direito comunitário, um princípio geral de direito. A diretiva visa apenas as sociedades cotadas e o artigo 4.º trata apenas da participação e do exercício de direitos de voto dos acionistas, nas assembleias-gerais das sociedades cotadas.

Analisando o regime belga, Didier Willermain conclui que a nível jurisprudencial é possível afirmar que não existe um princípio geral de igualdade entre acionistas.

Apesar de existirem disposições referentes à igualdade entre acionistas no *code des sociétés belge*, nenhuma disposição impõe uma regra geral à sociedade de tratar da mesma forma acionistas que se encontrem em situação idêntica. Como exemplo, refere que o artigo 64 do *code des sociétés belge* não considera nula a deliberação da assembleia-geral que viole a igualdade de tratamento entre acionistas, sendo esta opção legislativa justificada com a eventual necessidade de fazer prevalecer o interesse social, prevendo mesmo o artigo 596 do *code des sociétés belge* a limitação ou a supressão dos direitos de preferência dos acionistas em situações de aumento de capital, se o interesse social o impuser.

Para Didier Willermain, a igualdade entre acionistas é um direito que a lei pode reconhecer aos acionistas em determinadas circunstâncias, mas que apenas existirá na medida em que seja reconhecida pelo legislador, que a pode derrogar (ou autorizar os órgãos da sociedade a derrogar) se o interesse social o impuser e que constitui uma recomendação de boa governação, prevista no *code belge de gouvernment d'entreprise (disposition 8.1)*, que deve guiar os órgãos sociais, e em particular o órgão de administração, nas suas relações com os acionistas.

Não obstante, a argumentação do TJUE não se encontra totalmente isenta de críticas.

De acordo com Amalia Rodríguez González[69], o TJUE poderia ter aproveitado esta oportunidade para definir o princípio da igualdade, em vez de se limitar a rejeitar-lhe a qualidade de princípio geral de direito comunitário.

A Autora ressalva também que o Código de Conduta Europeu e a Recomendação 77/534/CE não deveriam ter sido desconsiderados pelo TJUE, em função do seu carácter não vinculativo, e que o Tribunal deveria ter considerado as disposições nacionais dos ordenamentos jurídicos europeus, que já

[69] Amalia Rodríguez González, *Adquisición de acciones de los socios minoritarios y principio de igualdad de trato en la STJUE de 15 de octubre de 2009. Una aproximación a la luz del derecho español, in* Derecho de sociedades, Cizur Menor, n.º 34 (2010), pp. 379-398.

reconhecem ou têm vindo a reconhecer este princípio, oferecendo como exemplos os sistemas jurídicos alemão, português, francês e espanhol.

No que respeita à questão do TJUE não ter procedido a uma análise das disposições legislativas dos Estados-Membros para determinar se a igualdade dos acionistas se encontra reconhecida de tal forma que seja possível deduzir a existência de um princípio geral de direito comunitário, Didier Willermain considera duvidoso que esse exame fosse suscetível de alterar a decisão, tendo em conta que a advogada-geral procedeu a essa análise[70]. No entanto, também entende que o TJUE deveria ter sido mais claro, num sentido ou noutro, sobre a existência de um princípio geral de direito comunitário de igualdade de tratamento entre acionistas no funcionamento interno das sociedades apesar de entender que a decisão se inclina fortemente para a sua rejeição.

No mesmo sentido, mas com menor veemência, José Manuel Cortes Martins[71] entende que apesar do TJUE se ter recusado até agora a definir, de forma clara e estrita, a classificação dos princípios comunitários, é possível ensaiar um limite recorrendo à distinção efetuada no direito francês.

[70] Didier Willermain, cit., p. 58; Verica Trstenjak, cit., pontos 89 e 90.

[71] José Manuel Cortés Martín, *Jurisprudencia del Tribunal de Justicia de la Unión Europea, Septiembre – Diciembre 2009, in* Revista de Derecho Comunitario Europeo, Centro de Estudios Políticos y Constitucionales, enero/abril (2010), Año nº 14, N.º 35, pp. 257-322.

Esta distinção ocorre, por um lado, entre os princípios fundamentais reconhecidos pelas leis da República, emanadas pelo Conselho Constitucional e Conselho de Estado franceses, que possuem valor constitucional e, por outro, dos princípios gerais de direito, que prevalecem sobre atos regulamentares adotados pelo Executivo, mas não sobre as leis.

Transpondo este modelo para o direito da UE, de acordo com este Autor, entender-se-iam os princípios referentes aos direitos fundamentais como princípios de indubitável natureza constitucional e, do outro lado, encontrar-se-iam os princípios gerais comuns aos ordenamentos dos Estados-Membros, a que se refere o artigo 340.º do TUE.

Com uma perspetiva diferente, para Antonio Tapa Hermida[72] no caso Audiolux a questão não era saber se existe um princípio geral de direito comunitário de igualdade de tratamento dos acionistas minoritários, mas antes saber se as referências à igualdade dos acionistas, e concretamente à proteção dos acionistas minoritários (que figuram em normas comunitárias), derivavam de um princípio geral de direito comunitário.

[72] Antonio Tapa Hermida, *La igualdad de los accionistas en las sociedades cotizadas (Comentario a la Sentencia del Tribunal de Justicia de la Unión Europea, Sala Cuarta, de 15 de octubre de 2009, asunto C-101/08)*, *in* Revista de derecho de sociedades, Editorial Aranzadi, N.º 35, Año 2010-2012, pp. 353-378.

A questão suscitada sobre a proteção dos acionistas minoritários não visava alcançar um tratamento privilegiado para alguns acionistas minoritários, mas impedir que a sua condição de acionistas minoritários não devesse nem pudesse justificar um tratamento desigual relativamente aos restantes acionistas.

Para a questão em apreço era indiferente considerar, por um lado, as normas de direito comunitário derivado contendo referências à igualdade entre acionistas e, por outro, a referência a uma proteção dos acionistas minoritários deveria ser entendida pelo TJUE como uma referência à igualdade de tratamento "de" ou "para" os acionistas minoritários.

Apesar do TJUE concluir que as disposições do direito comunitário derivado a que o órgão jurisdicional de reenvio se reporta não fornecem indicações concludentes da existência de um princípio geral da igualdade de tratamento dos acionistas minoritários, Antonio Tapa Hermida entende não existirem dúvidas de que existe um princípio geral de direito de igualdade de tratamento, cuja manifestação mais explícita é a igualdade perante a lei ou a igualdade de tratamento perante ou na lei.

Na sua opinião, não serão necessárias referências jurídico-positivas para justificar esta posição. No entanto, realça que todas as declarações internacionais de direitos fundamentais destacam o respeito pela igualdade das pessoas, começando pela Declaração Universal dos Direitos do Homem, de 10 de dezembro de 1948 (artigo 1.º) e pela Carta dos

Direitos Fundamentais da União Europeia, de 7 de dezembro de 2000, que lhe dedica todo o capítulo III e especificamente o artigo 20.º.

O entendimento de que a igualdade entre os acionistas carece de alcance constitucional no ordenamento jurídico comunitário e nos ordenamentos jurídicos dos Estados-Membros não é totalmente irrepreensível, uma vez que a resposta já seria afirmativa se fosse considerado como manifestação concreta do princípio geral do direito à igualdade, desde logo protegido tanto no direito comunitário originário assim como no direito constitucional espanhol (artigo 14 da Constituição Espanhola).

De acordo com este Autor, deve ter-se em atenção que na decisão 22/1981, de 2 de julho, o Supremo Tribunal Constitucional espanhol, já referia que "*como regla general, el principio de igualdad exige que a iguales supuestos de hecho se apliquen iguales consecuencias jurídicas y, en consecuencia, veda la utilizácion de elementos de differenciación que quepa calificar de arbitrários o carentes de una justificación razonable*", ou seja, "*lo que prohíbe el principio de igualdad son, en suma, las desigualdades que resulten artificiosas o injustificadas por no venir fundadas en criterios objetivos y razonables, según critérios o juicios de valor generalmente aceptados, sendo, necesario, para que sea constitucionalmente lícita la diferencia de trato, que las consecuencias jurídicas que se deriven de tal distinción sean proporcionadas a la finalidade perseguida, de suerte que se eviten resultados excessivamente gravosos o desmedidos... el principio de igualdad no sólo exige que la diferencia de trato resulte objetivamente justificada, sino también que supere un juicio de proporcionalidade en sede constitucional sobre la relación existente entre la medida adoptada, el resultado producido y la finalidade pretendida*".

Resulta do acima exposto que, o que deve ser alcançado através do princípio da igualdade, é que perante situações onde de facto idênticas se apliquem iguais efeitos jurídicos, devendo considerar-se que duas situações de facto serão iguais quando a utilização ou introdução de elementos diferenciadores seja arbitrária ou careça de fundamento racional.

Note-se, no entanto, que o Autor entende não se encontrar vedado ao legislador a introdução desigualdades no sistema jurídico, excetuando nos casos em que essas desigualdades resultem artificiosas ou injustificadas por não assentarem em critérios objetivos suficientemente razoáveis, de acordo com juízos de valor geralmente aceites. Para que a diferenciação se possa considerar constitucionalmente lícita, não basta que o fim que se visa atingir com ela seja lícito, sendo também necessário que os efeitos jurídicos resultantes dessa diferenciação sejam adequados e proporcionais a esse fim.

Analisada a doutrina *supra* exposta e os argumentos do TJUE, creio que a solução poderia ter sido diferente se o momento da prática dos factos tivesse ocorrido após a entrada em vigor da Diretiva 2004/25/CE, sendo este o argumento chave desta decisão.

Aliás, foi por estar ciente desse facto que a Audiolux argumentou que a aplicabilidade do princípio da igualdade de tratamento entre acionistas ao seu caso não implicava uma aplicação retroactiva daquela Diretiva, uma vez que o mencionado princípio já teria obtido consagração no Código de conduta europeu em finais da década de 70 e constituía desde há uma década matéria consensual, como demonstrava a adoção da Directiva 2004/25/CE.

De referir também o facto dos Governos francês e polaco terem entendido que o princípio da igualdade de tratamento entre accionistas constitui um princípio geral do direito comunitário, considerando este último que, este princípio, constitui um princípio fundamental do direito das sociedades comunitário e nacional, que já era aplicável muito antes da entrada em vigor da Directiva 2004/25/CE e que este princípio é expressa ou implicitamente reconhecido em múltiplos actos normativos comunitários[73].

No entanto, concordando-se com António Tapa Hermida, a questão relevante consistia em saber se o princípio de igualdade perante a lei seria suficiente para impedir que a condição de acionistas minoritários não devesse nem pudesse justificar um tratamento desigual relativamente aos restantes acionistas.

E quanto a esta questão, que é a questão relevante para efeitos do presente estudo, creio ser necessário distinguir dois planos, em função do momento da entrada em vigor da Diretiva 2004/25/CE.

[73] Verica Trstenjak, cit., pontos 42 e 47-49.

No primeiro plano, fica a dúvida de saber se este caso teria outro desfecho se, como referem alguns dos Autores *supra* referidos, o TJUE tivesse definido o princípio da igualdade em vez de apenas ter rejeitado a sua admissibilidade como princípio geral de direito comunitário.

Outro exercício que o TJUE poderia ter efetuado antes de proferir a sua decisão seria considerar as disposições nacionais dos ordenamentos jurídicos europeus, que já reconhecem ou têm vindo a reconhecer este princípio, oferecendo como exemplos os sistemas jurídicos alemão, português, francês e espanhol. Talvez não se focando tanto na doutrina, como fez a advogada-geral relativamente à "*...natureza jurídica da ideia de igualdade de tratamento entre accionistas e do seu posicionamento sistemático no âmbito das ordens jurídicas dos Estados-Membros*"[74], mas antes em saber se existe algum direito de exoneração ou mecanismo similar concedido, especificamente, pelos diferentes ordenamentos jurídicos europeus aos acionistas minoritários, em situações de facto semelhantes.

Na verdade, tendo em conta a evolução do direito societário europeu, é possível questionar se o TJUE ao definir o princípio da igualdade, entenderia como admissível a exclusão dos acionistas minoritários da possibilidade de alienarem as suas ações em condições equivalentes aos acionistas que o puderam fazer e se a perda da qualidade de sociedade aberta e a con-

[74] Verica Trstenjak, cit., ponto 89.

sequente exclusão de negociação das ações não implicava uma significativa alteração na posição jurídica dos acionistas minoritários que reclamasse proteção.

Aliás, se como Gilbert Parleani[75] quisermos encarar o direito comunitário como um direito económico e de mercado, que visa a eficácia e utilidade económica numa perspectiva conjunta de construção europeia, onde o princípio da igualdade pode servir para assegurar a eficácia dos mercados, a solução alcançada fica bastante aquém de qualquer noção de eficácia e utilidade económica dos mercados, pelo menos na perspetiva de quem neles investe.

Num segundo plano, considerando os factos em apreço creio que a entrada em vigor da Diretiva 2004/25/CE alteraria substancialmente a solução produzida.

Convém recordar que, toda a construção teórica da Audiolux, conforme reconhece a advogada-geral[76], era usufruir da faculdade de alienar a sua participação em condições equitativas às dos restantes acionistas "*...importa ter em consideração que o reconhecimento de um princípio geral da igualdade de tratamento entre accionistas, que no essencial produziria os mesmos efeitos que o artigo 5.°, n.° 1, da Directiva 2004/25/CE, conduziria necessariamente a uma aplicação retroactiva da Directiva 2004/25/CE, o que manifestamente não pode ser pretendido pelo legislador*

[75] Gilbert Parleani, cit., p. 50.

[76] Verica Trstenjak, cit., ponto 101.

comunitário, que, de outro modo, teria considerado supérfluo adoptar um regime específico para regular esta questão".

Ainda que o TJUE tenha entendido que as disposições da Directiva 2004/25/CE se aplicam a situações específicas, de forma que delas não se pode deduzir um princípio geral de conteúdo determinado, neste momento o artigo 3.º, n.º 1, alínea *a)* da diretiva, conforme reconhece a advogada-geral, consagra o princípio geral da igualdade de tratamento entre titulares de valores mobiliários de uma sociedade visada, determinando ainda que, nos casos em que uma pessoa adquire o controlo de uma sociedade, os restantes titulares de valores mobiliários terão de ser protegidos[77].

Neste quadro, considerando que esta diretiva já se encontra em vigor e a argumentação e doutrina exposta sobre este caso, é possível verificar que o regime societário europeu caminhou num sentido que confere maior proteção aos acionistas minoritários, apesar de não identificar e especificar uma solução adequada para todas as situações suscetíveis de causar danos a este tipo de acionistas.

No entanto, também cumpre reconhecer que tal objetivo talvez não deva ser reclamado de uma diretiva que apenas vincula o Estado-Membro destinatário quanto ao resultado a alcançar, deixando, no entanto, às instâncias nacionais a competência

[77] Verica Trstenjak, cit., ponto 100.

quanto à forma e aos meios (artigo 288.º, 3.º parágrafo do TUE).

Analisado o caso Audiolux, cumpre averiguar os factos em questão e se dele também é possível retirar elementos suficientes que permitam afirmar que o princípio da igualdade entre acionistas deve permitir a exoneração do acionista minoritário em determinadas situações não expressamente prevista na lei e que permitam salvaguardar o investimento efetuado.

III.2 – A experiência nacional: o caso Brisa – Autoestradas de Portugal, S.A.

Após análise de uma decisão proferida pelo TJUE, no plano do direito da União Europeia, cabe verificar, no plano nacional, qual foi a opção tomada pela CMVM no processo de aquisição da Brisa – Autoestradas de Portugal, S.A. (BRISA), onde na sequência de uma OPA, a Tagus Holdings, S.à.r.l (Tagus) veio solicitar a perda da qualidade de sociedade aberta, ao abrigo do artigo 27.º, n.º 1, alínea *a)* do CVM.

Este caso também se revela interessante para o presente estudo, tendo em conta que no âmbito desta operação não tinha sido assegurada a possibilidade de saída aos restantes acionistas minoritários que permaneceram na sociedade. Revela-se pertinente, portanto, analisar os factos em questão e qual posição adotada pela CMVM neste caso em concreto.

III.2.a – Factos e questões colocadas perante a CMVM

No presente caso, a BRISA era uma sociedade aberta constituída em 28 de setembro de 1972, cujas ações representativas do seu capital social se encontravam admitidas ao mercado regulamentado da Euronext Lisbon. A 29 de março de 2012 a Tagus lançou uma OPA geral e obrigatória sobre as ações da BRISA, tendo a mesma decorrido entre 17 de julho e 8 de agosto, desse ano.

A oferta cifrava-se em 255.523.722 ações, o que correspondia à diferença entre as 600.000.000 de ações representativas do capital social da BRISA e as ações bloqueadas para efeito da OPA (297.239.436 ações imputáveis à oferente e 47.236.842 ações próprias da sociedade). De acordo com os resultados divulgados na sequência do apuramento da oferta, a Tagus tinha adquirido 211.659.680 ações, ficando por adquirir 43.864.042 ações. Assim, passavam a ser imputáveis à Tagus 508.899.116 ações, correspondentes a 84% do capital social e a 92% dos direitos de voto da BRISA.

Em 4 de setembro de 2012, a Tagus apresentou à CMVM um pedido de perda da qualidade de sociedade aberta da BRISA, ao abrigo do artigo 27.º, n.º 1, alínea *a)* e n.º 2 do CVM.

A 5 de dezembro de 2012 a CMVM notificou a Tagus de um projeto de decisão para efeitos da audiência dos interessados, prevista no artigo 100.º do Código de Procedimento Administrativo, nos termos do qual lhe comunicava a sua intenção de "*defer[ir] a perda da qualidade de sociedade aberta da sociedade Brisa-Autoestradas de Portugal, SA, desde que, pelo menos aos acionistas minoritários a quem foi dirigida a oferta pública de aquisição que precedeu o requerimento objeto da presente decisão, seja assegurada a possibilidade de saída da sociedade em termos similares aos que resultariam do acionamento de algum dos mecanismos suprarreferidos nos pontos 20 e 21 desta decisão*"[78] – a saber, algum dos mecanismos previstos nos artigos 27.º, n.º 1, *b)* (deliberação da perda da qualidade de sociedade aberta em assembleia geral), 196.º (alienação potestativa *mobiliária*), ambos do CVM, ou no artigo 490.º do CSC (aquisição e alienação potestativas *societárias*).

Neste quadro, para que o deferimento de perda da qualidade de sociedade aberta produzisse plenos efeitos, a Tagus deveria apresentar à CMVM um mecanismo de saída e determinação da contrapartida compatíveis com o disposto no artigo 188.º do CVM ou no artigo 490.º, n.º 2 do CSC. No entanto, esse mecanismo seria ainda objeto de verificação e aceitação pela CMVM, devendo ser o mesmo efetivamente implementado.

A Tagus apresentou à CMVM o mecanismo de saída e a sua opção pela determinação da contrapartida nos termos do artigo 490.º, n.º 2 do CSC, tendo informado a 14 de março de 2013 ser de € 2,10 o valor da contrapartida por si oferecida, e procedido à sua revisão para € 2,22 a 5 de abril de 2013, encontrando-

[78] Ver ponto 5 da Deliberação da CMVM, cit., de 5 de abril de 2013.

-se a mesma justificada por relatório de revisor oficial de contas independente.

Face ao exposto, em 5 de Abril de 2013, a CMVM decidiu aceitar o mecanismo de saída e determinação da contrapartida, validando o deferimento do pedido de perda da qualidade de sociedade aberta da BRISA[79], uma vez que:

a) *"Confere a todos os acionistas minoritários uma efetiva possibilidade de decisão quanto à manutenção ou não do seu investimento, podendo aqueles vender as suas ações ou, ao invés, não vendendo, permanecer na titularidade de ações e na plenitude dos direitos que lhes são inerentes, ainda que representativas do capital social de uma sociedade que passa a ser uma sociedade fechada;*

b) *O mecanismo adotado não envolve, nem poderá envolver nas presentes circunstâncias, qualquer aquisição ou alienação potestativas, garantindo porém a todos os acionistas minoritários uma nova e derradeira opção de saída perante a nova situação correspondente à perda da qualidade de sociedade aberta e à exclusão da negociação em mercado regulamentado das ações da BRISA; e*

c) *Confere adequada proteção e segurança jurídica aos acionistas minoritários que decidam vender, maxime, em virtude de ter sido emitida uma ordem de compra irrevogável pela Tagus para imple-*

[79] Ver ponto 13 da Deliberação da CMVM, cit., de 5 de Abril de 2013.

mentação do mecanismo de saída e de o valor global da respetiva contrapartida se encontrar devidamente caucionada mediante depósitos bancários".

III.2.b – A opção da CMVM. A igualdade de tratamento como manifestação do princípio de proteção dos investidores

Como ponto prévio, importa referir que a CMVM já se tinha pronunciado sobre uma caso semelhante[80] não constituindo esta situação, de resto, um caso sem precedente. Convém relembrar que, conforme consta do artigo 27.º do CVM, a sociedade pode perder a qualidade de sociedade aberta quando:

a) Um accionista passe a deter, em consequência de OPA, mais de 90 % dos direitos de voto calculados nos termos do n.º 1 do artigo 20.º;

[80] Trata-se do caso da Gescartão. Na OPA e subsequente perda da qualidade de sociedade aberta da Gescartão verificou-se que, não tendo o oferente proporcionado na oferta pública de aquisição o mecanismo de saída que legitimasse o posterior recurso à perda da qualidade de sociedade aberta com fundamento na aquisição de mais de 90% dos direitos de voto na sequência da referida operação, a CMVM entendeu como necessária, para efeitos de tutela dos acionistas minoritários, a adoção de um mecanismo de saída que, no caso, teve inclusive uma dupla vertente: não só foi transmitida pelo oferente uma ordem permanente de compra em mercado regulamentado ao preço da OPA, como posteriormente veio a aplicar-se o mecanismo da aquisição tendente ao domínio total previsto no artigo 490.º do CSC. Mais informações sobre este caso podem ser encontradas em www.cmvm.pt

b) A perda da referida qualidade seja deliberada em assembleia-geral da sociedade por uma maioria não inferior a 90% do capital social e em assembleias dos titulares de acções especiais e de outros valores mobiliários que confiram direito à subscrição ou aquisição de acções por maioria não inferior a 90% dos valores mobiliários em causa;
c) Tenha decorrido um ano sobre a exclusão da negociação das acções em mercado regulamentado, fundada na falta de dispersão pelo público.

A declaração de perda da qualidade de sociedade aberta implica a imediata exclusão da negociação em mercado regulamentado das acções da sociedade e dos valores mobiliários que dão direito à sua subscrição ou aquisição, ficando vedada a readmissão no prazo de um ano (artigo 29.º, n.º 2 do CVM).

Na Decisão do Conselho Diretivo da CMVM[81], é possível encontrar a fundamentação da opção da CMVM na exigência efetuada à Tagus na concessão de um mecanismo de saída aos restantes acionistas minoritários.

[81] Decisão do Conselho Diretivo da CMVM sobre o pedido da Tagus – Holdings S.à.r.l. de perda da qualidade de sociedade aberta da BRISA – Autoestradas de Portugal, S.A., de 11 de fevereiro de 2013 (disponível em www.cmvm.pt).

Sem prejuízo de recomendar a sua leitura integral, é possível reter os seguintes pontos-chave, expostos naquela decisão:

1) O pedido de perda da qualidade de sociedade aberta e a consequente exclusão de negociação das ações implica uma significativa alteração na posição jurídica dos acionistas minoritários, uma vez que se vêem privados, entre outros direitos e interesses legalmente protegidos, de um meio de negociação das respetivas ações;
2) A perda da qualidade de sociedade aberta na sequência do lançamento de OPA, enquanto mecanismo de conciliação de interesses antagónicos, constituirá o culminar de um procedimento cujo objetivo assentará no (r) estabelecimento de um equilíbrio entre as posições jurídicas dos acionistas que, representando pelo menos 90% dos direitos de voto, pretendem a saída de mercado (garantindo um regime menos oneroso e exigente) e o interesse dos acionistas minoritários em permanecer na estrutura acionista de uma sociedade cujas ações continuem admitidas à negociação em mercado regulamentado para que, por essa via, vejam assegurado um nível de liquidez e, consequentemente, a manutenção (ou não degradação significativa) do valor do seu investimento;

3) Competindo à CMVM assegurar a efetividade do *princípio de proteção dos investidores*, previsto no artigo 358.º, alínea *a)* do CVM, o poder-dever da CMVM de aplicação ao pedido apresentado das normas convocáveis não se deve bastar com a mera verificação automática e algébrica do preenchimento do pressuposto quantitativo, literal e mais imediato, de que (também) depende o deferimento do pedido de perda da qualidade de sociedade aberta, ínsito no preceito do artigo 27.º n.º 1, alínea *a)* do CVM – ter o requerente atingido, na sequência de OPA, uma participação correspondente a mais de 90% dos direitos de voto da sociedade visada, devendo também (re)conhecer os fundamentos do instituto da perda da qualidade de sociedade aberta e interpretar, por recurso à letra, à teleologia, à sistematicidade e à história dos preceitos aplicáveis, os termos e condições em que a sociedade pode, em virtude do exercício discricionário da vontade do acionista que adquiriu o controlo no âmbito de uma OPA, passar de "*aberta*" a "*fechada*";
4) No âmbito da aplicação do direito ao caso aplicável, deverá também ser levado em consideração os precedentes de aplicação das mesmas normas jurídicas, sobretudo nos casos em que a situação fatual que convocou a sua aplicação no passado se afigure efetivamente comparável com a situação *sub judice*;

5) Considerando que a perda da qualidade de sociedade aberta coloca em evidência uma situação de tendencial conflito entre acionista maioritário e acionistas minoritários similar àquela que está na base da previsão de *institutos jurídicos de natureza similar* – aquisição potestativa mobiliária (artigo 194.º do CVM) ou societária (artigo 490.º do CSC), ou mesmo deliberação de perda da qualidade de sociedade aberta em assembleia geral (artigo 27.º, n.º 1, alínea *b)* do CVM) – revela-se útil, no âmbito da consideração de lugares paralelos, desvendar aquela que é a solução tendencial a que chega o legislador no âmbito desses outros institutos, no sentido de determinar se, em face do mesmo conflito, idêntica resposta deverá igualmente ser aplicável ao caso em apreço;
6) Deste modo, perante a identificada situação de conflito de interesses, o ordenamento jurídico muniu-se de uma amplitude significativa de instrumentos destinados a assegurar uma adequada tutela dos acionistas minoritários, que se concretizam através de diversos mecanismos prévios e posteriores à perda da qualidade de sociedade aberta;
7) Considerando assim que em todas as mencionadas hipóteses a solução do legislador assenta no restabelecimento do desequilíbrio provocado pelo exercício de uma posição maioritária

mediante atribuição aos acionistas minoritários de um mecanismo de saída da sociedade, deverá concluir-se que a necessidade de tutela da posição do investidor em sociedade aberta que se torna fechada por acionamento do artigo 27.º, n.º 1, alínea *a)* do CVM mediante atribuição de tal direito constitui, assim, um imperativo do próprio sistema e vetor fundamental do regime jurídico dos valores mobiliários e das sociedades comerciais;

8) A resolução daquele conflito, ou a conciliação daqueles interesses, não abdica, portanto, da consideração de uma adequada proteção dos interesses dos acionistas minoritários, mediante a concessão de um efetivo mecanismo de saída que, inclusive, poderia até ter-se concretizado através da OPA;

9) Tendo em consideração que, no âmbito daquela operação, os acionistas não puderam decidir a manutenção ou venda das suas ações em face da (falta de) informação quanto à efetiva intenção do oferente de promover a perda da qualidade de sociedade aberta[82], não pode

[82] Em relação à vontade de vir a requerer a perda de qualidade, a Tagus apenas referiu no prospeto que "*pondera, após uma análise dos resultados da oferta, em função das condições de mercado, nomeadamente ao nível da sociedade visada e da liquidez das acções desta que se vier a verificar no período pós OPA, vir a requerer à CMVM a aprovação e divulgação da perda da qualidade de sociedade aberta pela Sociedade Visada, nos termos da alínea a) do nº 1 e no nº 2 do artigo27º do Cód. VM*" (disponível em www.cmvm.pt).

> dizer-se, por essa via, legitimada a pretensão que o oferente posteriormente pretende fazer valer, leia-se, a obtenção da perda da qualidade de sociedade aberta, uma vez que os termos em que foi executada a OPA não permitem afirmar que ela constituiu, *in casu*, esse mecanismo.

Conforme acima exemplificado, verifica-se que a CMVM entendeu dever sempre ser assegurado um mecanismo de saída aos acionistas minoritários, de forma a ser possível assegurar a efetividade do *princípio de proteção dos investidores*, quando ocorra a perda da qualidade de sociedade aberta e a consequente exclusão de negociação das ações, em virtude de implicar uma significativa alteração na posição jurídica dos acionistas minoritários.

Este princípio de proteção dos investidores concretizou-se em oferecer um tratamento igual aos acionistas que não puderam decidir sobre a manutenção ou alienação da sua participação em virtude da falta de informação disponível relativamente à intenção

De acordo com o ponto 2.8 do Anexo II ao Regulamento da CMVM n.º 3/2006, o prospecto relativo a Ofertas Públicas de Aquisição de valores mobiliários deve conter informação sobre os objectivos da aquisição, designadamente quanto à manutenção da negociação em mercado regulamentado dos valores mobiliários que são objecto da oferta, à manutenção da qualidade de sociedade aberta, à continuidade ou modificação da actividade empresarial desenvolvida pela sociedade visada e por sociedades que com esta estejam em relação de domínio ou de grupo e à política de pessoal e de estratégia financeira.

da Tagus de requerer a perda da qualidade de sociedade aberta.

III.2.c – Comentário

Neste quadro, tendo em conta a síntese acima efetuada da decisão da CMVM, é possível verificar que foi entendido por este organismo de supervisão que a mera verificação dos pressupostos quantitativos a que a letra do artigo 27.º, n.º 1, alínea *a)* do CVM se refere não foi suficiente para deferir o pedido de perda da qualidade de sociedade aberta.

Conforme se nota da fundamentação da CMVM, afigura-se necessário verificar se fica assegurada a possibilidade de saída da sociedade aos acionistas minoritários que no âmbito da OPA não tinham informação que lhes permitisse adequar o sentido do seu (des)investimento à circunstância de a sociedade vir efetivamente a perder a qualidade de sociedade aberta.

Recordando a Decisão do Conselho Diretivo da CMVM[83], verifica-se que a CMVM entende que a solução tomada pelo legislador assentará no restabelecimento do desequilíbrio provocado pelo exercício de uma posição maioritária mediante atribuição aos acionistas minoritários de um mecanismo de saída da sociedade.

[83] Ver pontos 23 a 28 da Decisão do Conselho Diretivo da CMVM, cit., de 11 de fevereiro de 2013.

De acordo com a CMVM a necessidade de tutela da posição do investidor numa sociedade aberta que se entretanto se torna fechada, em virtude do artigo 27.º, n.º 1, alínea *a)* do CVM, materializa-se através da atribuição do direito de sair da sociedade em condições de igualdade com os acionistas que hajam saído na sequência de uma OPA imediatamente anterior, sendo essa a *ratio legis* dos artigos 27.º, n.º 1, alínea *b)* e 196.º, ambos do CVM e do artigo 490.º, n.º 5 do CSC.

Conclui ainda a CMVM que, este direito de sair da sociedade "*...constitui, assim, um imperativo do próprio sistema e vetor fundamental do regime jurídico dos valores mobiliários e das sociedades comerciais*" e que a "*...resolução daquele conflito, ou a conciliação daqueles interesses, não abdica, portanto, da consideração de uma adequada proteção dos interesses dos acionistas minoritários, mediante a concessão de um efetivo mecanismo de saída que, poderia até ter-se concretizado através da oferta pública de aquisição*".

Verifica-se, portanto, que a igualdade de tratamento deve ser considerada como um princípio estrutural do regime jurídico dos valores mobiliários e das sociedades comerciais e que deve atuar sempre que se verifiquem situações que reclamem um ajustamento – como é o caso do artigo 27.º, n.º 1, alínea *a)* do CVM conforme ficou *supra* demonstrado.

Apesar de concordar com a decisão da CMVM, creio que poderia ter ido um pouco mais longe e aproveitado esta oportunidade para oferecer orientações mais concretas sobre o regime disposto nos artigos 27.º a 29.º do CVM.

Conforme já foi referido, a lei não requer que a OPA antecedente tenha sido dirigida a todos os titulares de ações da sociedade visada, não prevê qualquer aquisição ou alienação potestativa das ações remanescentes e não esclarece se existe um prazo para requerer a perda da qualidade de sociedade aberta, após a OPA.

Ainda que se justifique não tratar todas as questões já referidas por não se aplicarem ao caso em concreto, a CMVM poderia ter, pelo menos, oferecido uma indicação clara e precisa no sentido de as regras previstas no artigo 27.º, n.º 3 e 4 do CVM também serem sempre aplicáveis ao caso previsto no artigo 27.º, n.º 1, alínea *a)* do CVM e sobre o seu entendimento de qual o prazo adequado para se requerer a perda da qualidade de sociedade aberta.

Capítulo IV
O direito de exoneração do acionista minoritário como manifestação da igualdade de tratamento entre acionistas

IV.1 – Situações não contempladas pelo direito de exoneração

Conforme já foi referido, existem vários cenários que podem ser apresentados aos restantes acionistas, quando o oferente decide lançar uma OPA.

Enquanto certos acionistas aceitarão o preço do oferente e alienarão a sua participação na sociedade, também existirão acionistas que, durante a pendência da OPA, decidem não vender a sua participação na sociedade. Contudo, a posição do acionista minoritário que entendeu permanecer na sociedade, numa situação de transferência do controlo ou domínio da sociedade, pode apresentar o risco de degradação significativa do valor do seu investimento ou de "prisão" na sociedade, em virtude da dificuldade em alienar a participação por falta de investidores interessados em investir naquela sociedade.

Ao permanecer na sociedade após a transferência do controlo, o acionista minoritário pode enfrentar a situação de manutenção da qualidade de sociedade aberta ou a vontade do acionista maioritário em requerer a perda dessa qualidade.

No que interessa para o âmbito deste estudo, se a sociedade se mantiver como sociedade aberta, a elevada concentração acionista pode implicar uma situação como a *supra* descrita para o acionista minoritário, acrescendo ainda que, essa elevada concentração acionista perturba o mercado e pode conduzir à exclusão da cotação das ações da sociedade.

Numa situação de perda da qualidade de sociedade aberta, para além da diminuição de informação disponível, o risco pode assentar na impossibilidade do acionista conseguir salvaguardar o seu investimento e exonerar-se da sociedade mediante a alienação potestativa ou mecanismo de saída equivalente. Cabe, no entanto, recapitular sucintamente o que está em causa.

IV.1.a – Concentração acionista excessiva

Tendo em conta que a exoneração não se encontra prevista no regime das sociedades anónimas, por o legislador entender que a saída livre do acionista estaria assegurada pelo regime de circulação de ações, nem sempre será necessário atingir aquele duplo limite para que se verifique uma degradação significativa do valor das ações da sociedade ou, ainda que valorizem, apenas não suscitar o interesse de novos acionista em entrar na sociedade.

Considere-se por exemplo uma situação em que o oferente, na sequência de uma OPA, não venha a atingir ou ultrapassar, diretamente ou nos termos do n.º 1 do artigo 20.º do CVM, 90% dos direitos de voto correspondentes ao capital social até ao apuramento dos resultados da oferta e 90% dos direitos de voto abrangidos pela oferta.

Face à elevada concentração acionista, a opção do acionista minoritário será alienar as ações com provável perda do valor do seu investimento ou até encarar o cenário de "prisão" na sociedade, em virtude da falta de interessados na aquisição da sua participação.

Pode argumentar-se que essa situação será o preço a suportar pelo risco que os acionistas minoritários assumiram na sua permanência na sociedade e que não fará sentido admitir uma exoneração, tendo em conta que a saída da sociedade em condições que asseguravam o tratamento igual a todos os acionistas lhes conferida pela OPA obrigatória (artigos 112.º e 187.º do CVM).

No entanto, como refere Pais de Vasconcelos[84] é necessário não esquecer que "...*o princípio da liberdade*

[84] Pedro Pais de Vasconcelos, cit., p. 28.

de associação exige remédios para os casos em que o sócio não consiga apartar-se da sociedade, ou só consiga fazê-lo com perda económica, em consequência da concentração ou do domínio... para assegurar uma real liberdade de associação... não basta que o sócio se consiga apartar a qualquer preço, é necessário que o possa fazer mediante uma justa contrapartida".

A questão reside em saber se deve ser admitido ao acionista minoritário o direito de se exonerar da sociedade quando os requisitos do artigo 196.º do CVM não se encontram preenchidos, mas a concentração acionista seja elevada o suficiente para que este não consiga alienar as suas ações, ou porque não encontra interessado na sua aquisição, ou porque a contrapartida que lhe é oferecida não é suficiente.

IV.1.b – Exclusão de cotação

Conforme *supra*, o CVM não prevê expressamente a possibilidade de ser solicitada a exclusão pela sociedade emitente, parecendo decorrer das suas disposições que não é admitida a exclusão voluntária da negociação das ações pela sociedade, mas somente por iniciativa da entidade gestora ou decisão da CMVM. Apesar de existir a exceção do artigo 4.º, n.º 1 do Regulamento da CMVM n.º 17/2000, a produção de efeitos encontra-se condicionada com a ausência de prejuízos relevantes para os investidores. Cabe recordar também que, a dispersão pelo público e a capitalização bolsista, revestem condição essencial para a admissão no mercado, e a sua falta acarreta a exclusão do mercado e a perda da qualidade de sociedade aberta (artigos 27.º, 207.º e 228.º do CVM)

A sua relevância para este estudo assenta, todavia, na possibilidade da sociedade em mercado regulamentado poder alcançar a exclusão de cotação através da declaração, pela CMVM, de perda da qualidade de sociedade aberta (artigos 29.º, n.º 2 e 195.º, n.º 4 do CVM) ou, inversamente, após ter decorrido um ano sobre a exclusão da negociação das ações em mercado regulamentado, requerer a perda da qualidade de sociedade aberta fundada na falta de dispersão pelo público (artigo 27.º, n.º 1, alínea *c)* do CVM).

Tomando o exemplo acima referido, se após uma oferta obrigatória se verificar uma elevada concentração acionista suscetível de conduzir à exclusão da negociação das ações em mercado regulamentado, fundada na falta de dispersão pelo público, a questão reside em saber se os acionistas minoritários devem poder exonerar-se da sociedade, e se essa exoneração se pode verificar independentemente da perda da qualidade de sociedade aberta.

IV.1.c – Perda da qualidade de sociedade aberta

Sobre o regime da perda da qualidade de sociedade aberta verificou-se que se encontra longe de proteger os acionistas minoritários, uma vez que as regras previstas no CVM excluem que os acionistas minoritários beneficiem das regras de fixação da contrapartida previstas no artigo 188.º do CVM, se for requerida a perda da qualidade de sociedade aberta pelo acionista que passou a deter, em consequência de OPA, mais de 90% dos direitos de voto correspondentes ao capital da sociedade visada.

A partir do momento em que a sociedade se torne fechada, em virtude do acionista maioritário ter requerido a perda da qualidade de sociedade aberta, a aquisição ou alienação potestativa segue o regime previsto no artigo 490.º, n.º 2 ou 6 do CSC, cujos critérios de determinação da contrapartida não oferecem um nível de proteção semelhante aos critérios plasmados no artigo 188.º do CVM. No entanto, a recente decisão da CMVM parece introduzir um desvio ao regime legal.

A perda da qualidade de sociedade aberta implica uma diminuição dos deveres de informação a que acionista maioritário se encontra vinculado implica menor monitorização e controlo da atividade do órgão de gestão da sociedade e dificulta a perceção de eventuais abusos que possam ser praticados pelo órgão de gestão ou acionista maioritário.

Outra consequência desta alteração reside nas condições de negociação das ações em mercado regulamentado, enfraquecendo a posição do acionista minoritário e reduzindo a liquidez e a informação disponível sobre a sociedade.

Neste quadro, considerando o *supra* referido sobre a perda da qualidade de sociedade aberta, cabe saber se, em caso de OPA, os acionistas podem alienar a sua participação social e beneficiar do regime do artigo 188.º do CVM.

Também deverá verificar-se qual deve ser o regime da contrapartida se no caso de existirem acionistas minoritários que não tenham sido abrangidos por uma OPA parcial e se no caso do acionista maioritário obter o controlo de mais de 90 % dos direitos de voto correspondentes ao capital da sociedade, através de um mecanismo diferente da OPA, e não pretender requerer a perda da qualidade de sociedade aberta, se os acionistas minoritários não devem poder alienar de forma potestativa a sua participação ou em condições iguais às dos acionistas minoritários onde a perda da referida qualidade seja deliberada em assembleia geral da sociedade.

IV.2 – Ponderação de extensão de tutela igual ao acionista minoritário. Solução proposta

Mesmo para quem entenda o direito da União Europeia como um direito económico e de mercado, cujo objetivo seja a eficácia e a utilidade económica e onde o princípio da igualdade apenas pode servir para assegurar a eficácia dos mercados[85], não poderá negar que o receio de colapso do mercado justifica a proteção dos investidores, que nele aplicam as suas poupanças, e que nem sempre o acionista tem possi-

[85] Gilbert Parleani, cit., p. 50.

bilidade de alienar as suas ações, porque não encontra interessados na sua aquisição ou porque a contrapartida que lhe é oferecida não se revela suficiente[86].

Neste contexto, ao introduzir nos sistemas jurídicos europeus a oferta obrigatória, a Diretiva 2004/25/CE garantiu a todos os acionistas a oportunidade de beneficiar do "prémio de controlo" que o oferente tem de pagar.

Este "prémio de controlo" e a queda usual do preço das ações, após a transferência do controlo da sociedade, provêm ambos do acionista maioritário, que possui a capacidade de centralizar e determinar as decisões da sociedade, podendo até impor o seu interesse pessoal em detrimento da sociedade.

A aceitação do "prémio de controlo" pelos acionistas minoritários concede vantagens ao acionista maioritário. Recorde-se que o acionista maioritário pode escolher a estratégia da sociedade e beneficiar da certeza de que o seu investimento será utilizado da forma que entende.

O acionista maioritário não corre o risco de ser removido da gestão da sociedade ou de perder a influência relevante que detém sobre essa gestão. A transferência do controlo nas sociedades cotadas pode ser vista como um realinhamento de investimento, sendo o "prémio de controlo" o preço que o acionista maioritário paga pelo que realmente adquire, i.e as ações remanescentes e o controlo da sociedade.

[86] Pedro Pais de Vasconcelos, cit., p. 12 e 16.

Do lado dos acionistas minoritários, o "prémio de controlo" também é uma forma de evitar uma situação desvantajosa na sociedade, uma vez que o aparecimento do acionista maioritário na sociedade provoca uma alteração significativa nas circunstâncias em que estes fundaram a decisão de investir na sociedade, evitando simultaneamente a descida previsível da cotação das ações e a sujeição à nova gestão da sociedade.

Nesta perspetiva, a exoneração do acionista perante modificações radicais na estrutura acionista da sociedade, pode ser encarada como a faculdade que a lei confere aos sócios de sair da sociedade quando se verificam concentrações importantes de capital cuja dimensão e relevância reduzem sensivelmente o valor das ações, o poder efetivo e o interesse do acionista em se manter na sociedade.

A propósito desta alteração de circunstâncias, a teoria do *"investment contract"*[87] defende que apesar de não existir um contrato escrito entre as partes a definir a estrutura acionista da sociedade, quando os acionistas decidiram investir na sociedade, fizeram-no em função da informação que se encontrava disponível no mercado sobre aquela estrutura acionista. E a ausência do acionista maioritário na sociedade é um fator relevante na avaliação do risco que cada investidor efetua antes de investir numa determinada sociedade, nomeadamente, quanto à discordância

[87] Georgios Psaroudakis, cit., pp. 551-554.

com a estratégia de negócio ou com a imposição do interesse pessoal do acionista maioritário.

A subida do preço das ações, antes da transferência do controlo, e a sua descida após a aquisição desse mesmo controlo representam a influência adquirida pelo acionista maioritário e o respetivo impacto no "*contrato de investimento*" entre os acionistas minoritários.

A oferta obrigatória reveste, portanto, uma proteção conferida aos acionistas minoritários quando ocorre a rutura desse "*contrato de investimento*", permitindo-lhes sair da sociedade quando circunstâncias essenciais, referentes ao investimento que efetuaram, deixam de ser válidas e se frustram as suas expetativas sobre a respetiva estrutura acionista, o processo de tomada de decisões e os meios de controlo da atividade dos órgãos de gestão.

Conforme mencionado anteriormente, a exoneração do sócio decorre do princípio constitucional de liberdade, mas encontra também fundamento na alteração de circunstâncias, do quadro circunstancial que constituiu a base da sua decisão de integrar a sociedade e também do relacionamento entre os sócios, incluindo o caso de concentração acionista[88].

Sucede, no entanto, que as situações que foram identificadas a propósito da elevada concentração acionista, da exclusão da cotação e da perda da quali-

[88] Pedro Pais de Vasconcelos, cit., pp. 23 e ss; Georgios Psaroudakis, cit., pp. 551-554.

dade de sociedade aberta, para além de reunirem uma alteração profunda na estrutura acionista da sociedade e no valor do investimento efetuado, ainda se apresentam cumuladas com a ausência de um mecanismo de saída capaz de permitir uma saída unilateral efetiva, ou seja, uma possibilidade de transmissão da participação social do acionista interessado ou essa possibilidade sem a imposição de condições específicas que tornem a sua transmissão excessivamente custosa.

Neste quadro, entendo que estas situações devem ser objeto de tutela pelo ordenamento jurídico, salvaguardando a posição dos acionistas minoritários das desvantagens enunciadas.

Contudo, esta tutela deve manifestar-se através do alcance de uma solução necessariamente harmonizada com o modelo jurídico vigente. Caso contrário, partindo da teoria do "*contrato de investimento*" poderia avançar-se como solução uma "*resolução*" do contrato por alteração das circunstâncias (artigo 437.º do CC).

Apesar de ser um argumento inicialmente sedutor, na medida em que as alterações em questão na estrutura da sociedade, o valor das ações e as condições de transmissibilidade das ações se podem enquadram numa alteração das circunstâncias em que as partes fundaram a decisão de contratar, a análise dos requisitos desta figura revela a impossibilidade da sua aplicação.

Sem prejuízo de se reconhecer que as situações analisadas traduzem alterações significativas na posição do acionista, a perda da qualidade de sociedade aberta e a exclusão da cotação encontram-se previstas e regulamentadas na lei. O surgimento de uma concentração acionista excessiva, com o consequente aprisionamento do acionista minoritário, resulta de uma imprevisibilidade que consiste, simultaneamente, no não preenchimento dos requisitos para a alienação potestativa com uma elevada falta de liquidez no mercado, acrescido do facto de a violação do princípio da boa fé e a consideração dos riscos próprios do contrato se identificarem mais com as relações obrigacionais sinalagmáticas do que com a especificidade da relação societária e com o funcionamento do mercado de ações[89], ainda mais quando se entende a alteração de circunstâncias como uma modalidade de abuso de direito[90]. Ainda que os resultados possam ser semelhantes, a anormalidade que esta figura exige como condição necessária da sua aplicação não tem aqui lugar e não deve ser confundida com a imprevisibilidade[91].

[89] Neste sentido vd. Daniela Farto Baptista, cit., pp. 487-489.

[90] Luís Menezes Leitão, *Direito das Obrigações – Transmissão e extinção das obrigações. Não cumprimento e garantias do crédito*, vol. II, Almedina, Coimbra, 2002, p. 132.

[91] Pires de Lima e Antunes Varela, *Código Civil Anotado*, vol. I, 4.ª Edição, Coimbra Editora, Coimbra, 1987, p. 413, onde os Autores referem que a "*lei não exige, ao contrário do Código Civil italiano, que a alteração seja imprevisível, mas o requisito da anormalidade conduzirá praticamente aos mesmos resultados*".

Também já foi avançada como solução[92] considerar-se um regime de exoneração de todos os sócios para todos os tipos de sociedade comerciais. A solução consiste em contemplar a possibilidade do tribunal decretar excecionalmente a saída unilateral de determinado sócio sempre que a duração indefinida da organização social concreta, a existência de restrições à livre transmissibilidade das participações, a necessidade de evitar vínculos societários perpétuos ou a ocorrência de um justo motivo, revele a impossibilidade de exigir a sua permanência do acionista na sociedade.

No entanto, parece-me que o recurso a um conceito indeterminado como "*...um justo motivo com tudo o que ele pode significar*"[93] carecerá sempre de concretização ou preenchimento em face da caraterísticas específicas da situação em apreço. Creio que esta solução não se apresentará isenta de dúvidas tendo em conta que a sua concretização é suscetível de flutuação em função de diferentes factores (como por exemplo, a sensibilidade e conhecimentos do intérprete assim como as respetivas condições socioeconómicas existentes no momento da referida análise), encontrando o seu limite no princípio da segurança jurídica, cuja finalidade consiste em garantir a previsibilidade das situações e das relações jurídicas que pretende regular.

[92] Daniela Farto Baptista, cit., p. 530.

[93] Idem.

Sendo certo que se concorda que a verificação daquelas circunstâncias conduz a uma situação que merece ser tutelada, uma vez que está demonstrado que a livre circulação de ações está longe de evitar o aprisionamento dos sócios[94], admitir que o caminho deve ser feito por aquela via introduz um nível elevado de imprevisibilidade, que é suscetível de minar ainda mais a confiança do acionista que investe na sociedade e perturbar a estabilidade dos mercados financeiros, objetivo que não se pretende na definição das suas regras de funcionamento.

Nesta fase do presente estudo, cabe recordar que na ordem jurídica portuguesa, o princípio da igualdade apresenta duas vertentes (artigo 13.º da CRP)[95]. Na sua vertente positiva, verifica-se existir a imposição de uma obrigação de diferenciação que exige um tratamento diferente perante situações diferentes e um tratamento igual perante situações iguais. Na vertente negativa, é proibido o arbítrio na atribuição de vantagens ou discriminações arbitrárias ou injustificadas.

No domínio societário, o princípio da igualdade encontra-se plasmado no artigo 321.º do CSC e artigos 15.º, 112.º e 197.º do CVM. Tendo em conta a doutrina

[94] Sobre a particularidade de muitos dos litígios nas sociedades anónimas terem na sua origem situações de aprisionamento dos acionistas vd. Pedro Pais de Vasconcelos, cit., pp. 16.

[95] José Engrácia Antunes, cit., pp. 251-253 e *A igualdade de tratamento dos acionistas na OPA, in* Direito das Sociedades em Revista – Ano 2, Vol. 3, Almedina, Coimbra, Março 2010, pp. 87-111.

até agora analisada, o princípio maioritário (artigos 250.º, n.º 3 e 386.º, n.º 1 do CSC) e o princípio do sufrágio censitário (artigos 250.º, n.º 1 e 384.º, n.º 1 do CSC), verifica-se também que este princípio é *relativo* na medida em que não oferece qualquer espécie de garantia formal de tratamento horizontal e igualitário para os acionistas, encontrando-se os acionistas sujeitos a uma situação de desigualdade resultante da circunstância dos direitos de voto de cada um serem determinados em função e na proporção do respetivo investimento realizado no capital social e, ainda, por não impedir que se verifiquem discriminações negativas ou positivas, desde que sejam conformes às regras legais e estatutárias vigentes.

O que este princípio pretende assegurar, no domínio da sociedade, será um tratamento neutro pelos órgãos da sociedade que reflita uma igualdade de oportunidades concedidas a todos os acionistas titulares da mesma categoria de ações, sem prejuízo de não impedir que ocorra a verificação de determinadas exceções nem a sua derrogação por vontade do acionista afetado (a esse propósito veja-se a parte final do artigo 321.º do CSC quando refere "*salvo se a tanto obstar a própria natureza do caso*").

No domínio da regulação do mercado, encontra-se consagrado o princípio geral da igualdade de tratamento entre os titulares de valores mobiliários de uma sociedade visada (artigo 3.º, n.º 1, alínea *a)* da Diretiva 2004/25/CE), determinando ainda que, nos casos em que uma pessoa adquire o controlo de uma sociedade, os restantes titulares de valores mobiliários terão de ser protegidos[96].

Admitindo-se que a Diretiva 2004/25/CE possa ser criticável no que respeita à definição de condições de igualdade de concorrência entre os Estados-Membros (*level playing field*), em particular no que respeita à ausência de uma definição de controlo, quanto à percentagem de direitos de voto que confere esse controlo, bem como quanto à fórmula do respetivo cálculo que deve ser determinada pela regulamentação do Estado-Membro em que se situa a sua sede social (artigo 5.º, n.º 3), a Diretiva 2004/25/CE refere que os Estados-Membros deverão tomar as medidas necessárias para proteger os titulares de valores mobiliários e, em especial, os detentores de participações minoritárias, após uma mudança do controlo das sociedades (considerando 9).

Também no CVM se confirma a intenção de partilhar os benefícios da aquisição do domínio sobre uma sociedade cotada pelos acionistas minoritários (considerando 12) e a preocupação de acentuar a proteção das expectativas geradas pela abertura da sociedade ao investimento do público. Esta intenção encontra-se presente também nos requisitos para a perda da qualidade de sociedade aberta, verificando-se que a mesma ideia justifica a extensão à aquisição do domínio total do princípio de igualdade de tratamento e a

[96] Este entendimento foi, aliás, reconhecido pela advogada-geral no caso Audiolux, vd. Verica Trstenjak, cit., ponto 100.

intervenção da autoridade de supervisão do mercado, quer quanto ao conteúdo da informação divulgada, quer quanto ao montante da contrapartida, que passa a reger-se pelas regras aplicáveis às ofertas públicas de aquisição obrigatórias (considerando 13).

Nota-se, portanto, que existe uma preocupação do legislador em conferir uma proteção ao acionista minoritário e que considera legítimas as suas expetativas, geradas numa economia de mercado, e cuja tutela deve ser enquadrada no espírito do sistema jurídico vigente através de mecanismos similares aos já existentes para situações similares.

Nas situações identificadas ao longo deste estudo relativamente à perda da qualidade de sociedade aberta, à exclusão de cotação e à concentração acionista excessiva deve ser permitido aos acionistas minoritários sair dessa sociedade. E essa saída deve ocorrer em condições que permitam salvaguardar razoavelmente o investimento efetuado, nomeadamente, através da extensão do mecanismo de saída previsto nos artigos 27.º, n.º 3, 194.º e 196.º do CVM.

Portanto, nas situações enunciadas ao longo do presente estudo entendo que deve ser aplicada analogicamente a mesma solução. E note-se que, a favor de uma solução de aplicação analógica do mecanismo de saída, foi supra demonstrado já existirem indícios a favor desta solução como por exemplo em produção científica, indícios na lei e uma decisão de um organismo de supervisão a apontar neste sentido.

Recordando a decisão da CMVM, a favor desta solução, a situação em apreço configurava um conflito entre o acionista maioritário e os acionistas minoritários, cujos elementos caraterizadores detinham denominadores comuns com a previsão de institutos jurídicos de natureza similar e, consequentemente, apresentando e fundamentando que uma solução semelhante à prevista pelo legislador para a resolução de situações similares deveria ser aplicável. Também este argumento deve ser utilizado para rejeitar outras soluções como a busca de uma fundamentação assente na alteração das circunstâncias ou no conceito de justo motivo.

Contra esta solução poderá argumentar-se que esta solução não se justifica por já se ter verificado uma OPA obrigatória anterior e que aos acionistas minoritários já foi concedida a oportunidade de sair da sociedade.

No entanto, este argumento não deve vingar, uma vez que, conforme *supra* referido ao longo deste estudo, existem situações em que se justifica não aceitar o preço oferecido, nomeadamente, perante um preço pouco atraente ou perspetivas promissoras para a sociedade. Acresce ainda que, contra esse argumento, os artigos 15.º e 16.º da Diretiva 2004/25/CE e os artigos 27.º, n.º 3, 194.º e 196.º do CVM já regulam especificamente situações onde se confere aos acionistas minoritários, que não aceitaram o preço oferecido na OPA anterior, a possibilidade de sair da sociedade[97].

Verifica-se, portanto, que se deve concluir que nas situações acima referidas onde a lei não tenha regulado especificamente o direito do acionista se exonerar da sociedade devem ser tuteladas, por configurarem uma situação de lacuna, em virtude da posição de desvantagem em que o acionista minoritário é colocado.

Essa tutela deve ser alcançada, tendo em conta o princípio da igualdade de tratamento e como concretização do princípio de proteção dos investidores, através de uma solução igual à que o legislador estabeleceu para situações de natureza semelhante.

[97] Sobre este argumento não proceder quanto à alienação potestativa vd. High Level Group of Company Law Experts, *Issues...*, 2002, p. 62.

CONCLUSÃO

Durante o presente estudo foi possível identificar determinadas situações específicas em que os acionistas minoritários se podem encontrar após a transferência do controlo numa sociedade aberta, merecedoras de tutela especial.

Analisando o sistema jurídico vigente, no âmbito do direito nacional e da União Europeia, concluiu-se que existem situações em que os acionistas minoritários não têm o direito de alienar as suas ações e sair da sociedade, em condições idênticas às dos outros acionistas que, com essa alienação da sua participação, possibilitaram a transferência de controlo ou domínio da sociedade.

Incidindo maioritariamente sobre situações originadas por uma elevada concentração acionista, pela exclusão da cotação (*delisting*) e pela perda da qualidade de sociedade aberta, o presente estudo demonstrou que estas situações, apesar de serem permitidas pela lei e receberem um tratamento diferente de outras situações similares, apresentam uma susce-tibilidade razoável do acionista minoritário assumir uma degradação significativa do valor do seu investimento ou um cenário de "prisão" na sociedade, em virtude da falta de interessados na aquisição da sua participação.

Também se verificou que as questões referentes à saída dos acionistas minoritários encontram interpretações muito diferentes nos sistemas jurídicos, jurisprudência e doutrina.

A situação atual parece indicar uma rejeição do reconhecimento de um princípio geral da igualdade a nível europeu. Recorde-se que o TJUE entendeu que este princípio não pode determinar a escolha entre diferentes instrumentos possíveis de proteção dos acionistas minoritários, como os preconizados pelos atos de direito comunitário derivado porque pressupõe escolhas de ordem legislativa, que assentam numa ponderação dos interesses em jogo e na fixação antecipada de regras precisas e minuciosas, que não podem ser deduzidas do princípio geral da igualdade de tratamento.

No entanto, para além de se encontrar vozes dissonantes na doutrina sobre esta questão, verificou-se ter ocorrido uma alteração legislativa fundamental no direito da União Europeia. A entrada em vigor da Diretiva 2004/25/CE veio alterar o panorama jurídico e estabelecer um *level playing field* sobre a proteção do acionista minoritário após a transferência do controlo da sociedade, tendo sérias dúvidas que a decisão do

TJUE fosse no mesmo sentido, se tivesse considerado as suas disposições e a respetiva alteração legislativa produzida nos Estados-Membros.

Entre outros aspetos, a Diretiva 2004/25/CE veio assegurar a todos os acionistas a oportunidade de beneficiar do "prémio de controlo" que o oferente tem de pagar, tutelando uma situação que se afigura desvantajosa para os acionistas minoritários na sociedade e protegendo as suas expetativas legítimas, tendo em consideração a alteração significativa nas circunstâncias em que estes fundaram a decisão de investir na sociedade com o aparecimento do acionista maioritário na sociedade, a descida previsível da cotação das ações e a sujeição à nova gestão da sociedade.

Também ficou demonstrado que se a transferência do controlo nas sociedades abertas for entendida como realinhamento de investimento, o "prémio de controlo" se justifica por refletir realmente o verdadeiro valor do objeto adquirido, a saber, as ações remanescentes e o controlo da sociedade.

Confirmando que a questão está longe de ser pacífica e que o caminho a percorrer deve assentar num sistema jurídico dotado de soluções onde o princípio da igualdade de tratamento é condição essencial subjacente, o presente estudo analisou a decisão da CMVM, que entendeu deverem ser tuteladas as situações onde a lei não tenha regulado especificamente o direito do acionista se exonerar da sociedade, em virtude da posição de desvantagem em que o acionista minoritário é colocado.

Tendo em conta o espírito do sistema jurídico vigente, a nível nacional e no âmbito da União Europeia, a principal conclusão do presente estudo é que deve ser permitido aos acionistas minoritários sair da sociedade, exercendo um verdadeiro direito de exoneração, sendo essa saída efetuada em condições que permitam salvaguardar razoavelmente o investimento efetuado pelos acionistas minoritários.

Outra conclusão que também se retira do presente estudo é que o exercício deste direito deve ser efetuado através do mecanismo jurídico previsto para situações similares, uma vez que as soluções jurídicas alcançadas para os problemas que foram identificados devem apresentar a melhor harmonização possível com o pensamento legislativo, tendo sobretudo em conta a unidade do sistema jurídico, e que soluções diferentes perante situações de facto semelhantes ou iguais colidirão com o princípio da igualdade de tratamento.

Conclui-se, por fim, que a Diretiva 2004/25/CE veio dar um impulso decisivo na integração do princípio da igualdade entre os acionistas e, em especial, na tutela dos interesses dos acionistas minoritários no sistema jurídico nacional e da União Europeia, seja através da definição de instrumentos que garantem aos acionistas minoritários de exercer o direito de exoneração em situações de natureza similar que carecem de regulação, seja através da contribuição com princípios e elementos interpretativos de um pensamento legislativo revelador de uma preocupação em garantir uma igualdade de meios a todos os investidores no mercado.

No entanto, ainda existe um caminho a percorrer no sentido de se permitir que situações em que, os acionistas minoritários se encontrem após a transferência do controlo da sociedade, recebam igual tratamento, acentuando-se a proteção das expectativas geradas pela abertura da sociedade ao investimento do público.

Na verdade, o regime jurídico atual não permite tutelar este tipo de situação, de forma clara e objetiva, sendo sempre necessário recorrer aos tribunais ou aos organismos de supervisão para o exercício do direito de sair da sociedade.

BIBLIOGRAFIA

Amalia Rodríguez González, *Adquisición de acciones de los socios minoritarios y principio de igualdad de trato en la STJUE de 15 de octubre de 2009. Una aproximación a la luz del derecho español, in* Derecho de sociedades, Cizur Menor, n.º 34 (2010).

Ana Filipa Morais Antunes, *O instituto da aquisição tendente ao domínio total (artigo 490.º do CSC): um exemplo de uma "expropriação legal" dos direitos dos minoritários?, in* "Nos 20 anos do Código das sociedades Comerciais. Homenagem aos Profs. Doutores A. Ferrer Correia, Orlando de Carvalho e Vasco Lobo Xavier", Coimbra Editora, Coimbra, 2008.

António Menezes Cordeiro,

Direito Europeu das Sociedades, Almedina, Coimbra, 2005;

Tratado de Direito Civil Português – I Parte Geral, Tomo I , 2.ª Edição, Almedina, Coimbra, 2000.

Antonio Tapa Hermida, *La igualdad de los accionistas en las sociedades cotizadas (Comentario a la Sentencia del Tribunal de Justicia de la Unión Europea, Sala Cuarta, de 15 de octubre de 2009, asunto C-101/08), in* Revista de derecho de sociedades, Editorial Aranzadi, N.º 35, Año 2010-2012.

Conceição Aguiar, *Sobre a Perda da Qualidade de Sociedade Aberta, in* Cadernos do Mercado de Valores Mobiliários, CMVM, N.º 30, Agosto 2008.

Daniela Farto Baptista, *O Direito de Exoneração dos Acionistas – Das Suas Causas,* Coimbra Editora, Coimbra, 2005.

Dário Moura Vicente, *Ofertas Públicas Internacionais, in* AAVV, Direito dos Valores Mobiliários, Vol. VII, Coimbra Editora, Coimbra, 2007.

Didier Willermain, *Abscence d´un principe général d'égalité des actionnaires en droit communautaire....et en droit Belge?(à propos de lárrêt "Audiolux" de la Cour de Justice du 15 Octobre 2009), in* Revue pratique des sociétiés, Bruylant, 2010.

Federico Maria Mucciarelli, *Equal Treatment of Shareholders and European Union Law – Case Note on the Decision 'Audiolux' of the European Court of Justice, in* European Company & Financial Law Review, De Gruyter, March 2010, Vol. 7, Issue 1.

Hugo Moredo Santos,

A aquisição tendente ao domínio total de sociedades abertas, in AAVV, Direito dos Valores Mobiliários, Vol. VII, Coimbra Editora, Coimbra, 2007;

Transparência, OPA Obrigatória e Imputação de Direitos de Voto, Coimbra Editora, Coimbra, 2011.

Georgios Psaroudakis, *The Mandatory Bid and Company Law in Europe, in* European Company & Financial Law Review, De Gruyter, 2010, Vol. 7, Issue 4.

Gilbert Parleani, *Absence, en droit de l'Union européenne, d'un principe autonome d'égalité entre actionnaires,* in Revue pratique des sociétés, Dalloz, Mars 2010.

João Cura Mariano, *Direito de Exoneração dos Sócios nas Sociedades por Quotas,* Almedina, Coimbra, 2005.

Jorge Manuel Coutinho de Abreu, *Curso de Direito Comercial – das Sociedades,* Vol. II, 2.ª Edição, Almedina, Coimbra, 2003.

José Amadeu Ferreira, *Amortização de quota e exoneração de sócio, Reflexões acerca das suas relações,* Faculdade da Direito da Universidade de Lisboa, Lisboa, 1991.

José Engrácia Antunes,

O artigo 490.º do CSC – "Propriedade corporativa", Propriedade Privada, Igualdade de tratamento, in AAVV, "Estudos em comemoração dos cinco anos da Faculdade de Direito do Porto", Coimbra Editora, Coimbra, 2001;

A igualdade de tratamento dos acionistas na OPA, in Direito das Sociedades em Revista – Ano 2, Vol. 3, Almedina, Coimbra, Março 2010.

José Manuel Cortés Martín, *Jurisprudencia del Tribunal de Justicia de la Uníon Europea, Septiembre – Diciembre 2009, in* Revista de Derecho Comunitario Europeo, Centro de Estudios Políticos y Constitucionales, enero/abril (2010), Año nº 14, N.º 35.

Joseph Lee, *Four Models of Minority Shareholder Protection in Takeovers, in* European Business Law Review, Wolters Kluwer, 2005, Volume 16, Issue 4.

Luca Enriques, *The Mandatory Bid Rule in the Takeover Directive: Harmonization Without Foundation?*, in European Company & Financial Law Review, De Gruyter, 2005, Vol. 1, Issue 4.

Luís Menezes Leitão, *Direito das Obrigações – Transmissão e extinção das obrigações. Não cumprimento e garantias do crédito*, vol. II, Almedina, Coimbra, 2002.

Maria Mariana de Melo Egídio Pereira, *A aquisição tendente ao domínio total. Breves reflexões sobre o artigo 490.º do CSC*, in "O Direito" – Ano 140.º, Almedina, Coimbra, 2008-IV.

Michel Menjucq, *The European Regime on Takeovers,* in European Company & Financial Law Review, De Gruyter, 2006, vol. 2.

Paulo Câmara, *Manual de Direito dos Valores Mobiliários,* 2.ª Edição, Almedina, Coimbra, 2011.

Paulo Olavo Cunha, *Direito das Sociedades Comerciais,* 5.ª Edição, Almedina, Coimbra, 2012.

Pedro Caetano Nunes, *Responsabilidade Civil dos Administradores Perante os Accionistas,* Almedina, Coimbra, 2001.

Pedro Pais de Vasconcelos, *Concertação de acionistas, exoneração e OPA obrigatória em sociedades abertas, in* Direito das Sociedades em Revista – Ano 2, Vol. 3, Almedina, Coimbra, Março 2010.

Tiago Soares da Fonseca, *O Direito de Exoneração do Sócio no Código das Sociedades Comerciais,* Almedina, Coimbra, 2008.

Raúl Ventura, *Sociedades por Quotas – Vol. II* , 3.ª Reimpressão da Edição de 1989, Almedina, Coimbra, 2005.

Verica Trstenjak, Conclusões Gerais da Advogada-Geral, apresentadas em 30 de junho de 2009, Processo C-101/08, seção II (disponível em www.eur-lex.europa.eu).

Jurisprudência e decisões CMVM)

Acórdão do Tribunal de Justiça (Quarta Secção), de 15 de Outubro de 2009, "Audiolux SA e o. contra Groupe Bruxelles Lambert SA (GBL) e o. e Bertelsmann AG e o.", Proc. C-101/08 (disponível em www.eur-lex.europa.eu).

Acórdão do Tribunal de Justiça (Grande Secção) de 16 de Dezembro de 2008, Arcelor Atlantique e Lorraine e o., C-127/07, Colect., p. I-09895, n.º 23 (disponível em www.eur-lex.europa.eu).

Decisão do Conselho Diretivo da CMVM sobre o pedido da Tagus – Holdings S.à.r.l. de perda da qualidade de sociedade aberta da BRISA – Autoestradas de Portugal, S.A., de 11 de fevereiro de 2013 (disponível em www.cmvm.pt).

Deliberação da CMVM sobre Perda da qualidade de sociedade Aberta da Brisa – Autoestradas de Portugal, S.A., de 5 de abril de 2013 (disponível em www.cmvm.pt).

Legislação)

Decreto de Aprovação da Constituição, de 10 de Abril de 1976, aprova a Constituição da República Portuguesa (versão atualizada disponível em www.parlamento.pt);

Diretiva 2004/25/CE do Parlamento Europeu e do Conselho, de 21 de abril de 2004, relativa às ofertas públicas de aquisição (disponível www.eur-lex.europa.eu);

Decreto-Lei n.º 47344, de 25 de Novembro de 1966, publicado no *Diário da República*, n.º 274, Série I de 1966-11-25 (versão atualizada disponível em www.pgdlisboa.pt);

Decreto-Lei n.º 262/86, de 2 de Setembro, que aprova o Código das Sociedades Comerciais, publicado no *Diário da República*, n.º 201, Série I de 1986-09-02 (versão atualizada disponível em www.pgdlisboa.pt);

Decreto-Lei n.º 486/99, de 13 de Novembro, Aprova o novo Código dos Valores Mobiliários, publicado no *Diário da República*, n.º 265, Série I-A de 1999-11-13 (versão atualizada disponível em www.cmvm.pt).

Relatórios)

High Level Group of Company Law Experts, *Final Report on a Modern Regulatory Framework for Company Law in Europe*, 2002 (disponível em www.ecgi.org).

High Level Group of Company Law Experts, *Issues Related To Takeover Bids*, 2002 (disponível em www.ecgi.org).

Report from the Commission to The European Parliament, The Council, The European Economic and Social Committee and The Committee of the Regions – Application of Directive 2004/25/EC on takeover bids, COM(2012) 347 final, 28.6.2012 (disponível em www.ec.europa.eu).

NOTA BIOGRÁFICA

O Autor licenciou-se em Direito (regime pré-Bolonha) na menção Jurídico-Económicas na Faculdade de Direito da Universidade de Lisboa (2007), sendo pós-graduado em Direito dos Valores Mobiliários também na Faculdade de Direito da Universidade de Lisboa (2010). Mestre em Direito na área de especialização em Ciências Jurídico Empresariais na Faculdade de Direito da Universidade Nova de Lisboa (2014). Doutorando em Direito na especialidade de Ciências Jurídico-Internacionais e Europeias na Faculdade de Direito da Universidade de Lisboa. É advogado desde 2012, tendo feito parte do seu percurso profissional como Jurista na Direção Jurídica do Banco BPI, S.A. (2007-2012) e Lawyer-Linguist no Directorate General Legal Services/Legislation Division do Banco Central Europeu (2013-2014).

ÍNDICE